老玩童遊柬埔寨

吳哥的破曉

香港亨達集團
創辦人及名譽主席
鄧予立——著

推薦序一

「大旅遊」的情懷

一花一世界，一葉一菩提。透過鄧予立先生旅遊日誌裡分享的每一字一句、每張照片、每個景緻，讓我們窺探到的，不僅是世界角落幾乎被人遺忘的壯麗山川，更多的是人類文明的足跡，以及鄧先生獨有的個人涵養修為，可謂大千世界，遊戲人間。

「旅人」的本質，是對陌生世界的探索，既是自我的挑戰，也可以是文明的進階。曾有人推測。人類的演化，源於第一隻原本從樹枝間擺盪跳躍卻勇於探索陸地，因而一躍而下，開啟了邁向直立行走的猿類。或許達爾文的進化論有太多的不可知，但是西元前一世紀的張騫出使西域開通絲綢之路，十三世紀威尼斯商人馬可波羅的中國見聞，十五世紀哥倫布發現美洲新大陸，十七世紀的鄭和下西洋，乃至於二十世紀初南極探險英雄年代（Hero Age of Antarctic Exploration），都在世界人類文化歷史上，掀起驚天動地的創新與改變。回顧中國歷史上的軌跡，令後人傳頌讚嘆千年的蘇軾《赤壁賦》，司馬遷的《史記》，李白的《將進酒》，不也都是「旅人」在探索不同自然景觀、人文情懷、民間習俗，甚至各地典故、傳說和軼聞趣事所留

下的美麗章篇？

《老玩童遊柬埔寨：吳哥的破曉》是鄧先生與朋友分享他探索柬埔寨的旅遊見聞。位於中南半島的柬埔寨，是有兩千年歷史的文明古國。最為人所知的，就是名列世界文化遺產的吳哥遺跡的古廟群，範圍之大，數量之多，建築之雄偉，浮雕之精緻，故事之動人，反映出十三世紀吳哥王朝的繁榮昌盛。鄧先生先來一趟空中飛行俯瞰古城，再一一造訪古廟遺跡，將歷史走過一遍。所以乘著鄧先生文字的翅膀，讀者將看到不同於一般旅行者的視野、觀察、感受，真正揭開這個神祕國度的面紗。

這一本《老玩童遊柬埔寨：吳哥的破曉》是鄧先生第十三本關於他個人旅遊的珍貴紀錄。概算鄧先生的旅人足跡，已遍布全球一百四十八個地區國家，其中包括可能大部分人甚至從未聽聞的，例如阿魯巴（Aruba）、博奈爾（Bonaire）、庫拉索（Curacao）。基本上，我們已經不能用「旅行」來形容鄧先生對自然與人文的觀察體驗，而應該追溯回文藝復興時期「大旅遊」（The Grand Tour）的情懷——跋涉深入世界各個角落，尋求瀕臨遺忘的文明、文化、藝術、風俗，超越了傳統「旅人」對於個人心靈渴望和擴展感官以及累積知識的需求，更進一步從知識、社會、道德、政治各個面向，闡述如何做一個「聰明完美的旅行者」。因為，知識來自於環境的刺激，而藉由旅遊所接觸到的「環境刺激」，正是累積沉澱知識的最佳途徑。與其說，鄧先生與朋友們分享個人的旅遊見聞，更可以妥切地說，這是知識的傳播與傳承。唐朝大家杜甫的曠世鉅著《壯遊》，自敘趣遊趙齊，洛陽失第，長安十年，再經安史之亂，到自我放逐的巴蜀之境，也可視為古人濃縮的人生旅遊日誌。

董其昌云：「讀萬卷書，行萬里路；胸中脫去塵濁，自然丘壑內營。」祝福並感謝鄧予立這位「老玩童」，和大家分享的柬埔寨自然景觀與古文明。書，何止萬卷；路，何止萬里。這份渾然天成的灑脫與自得，才是鄧先生帶給朋友們最好的禮物。

羊曉東

寶成國際集團副總經理

推薦序二

遍歷山河人間值得

我沒有去過柬埔寨，但久聞吳哥窟的大名，卻也沒有要立刻飛過去遊覽的衝動。鄧予立先生的這部新作，讓人領略到一個神祕壯麗甚至有些悲情的柬埔寨。先生的相機快門在手中不停，為我們帶來了一場視覺上的饕餮盛宴。一如既往的精美構圖，一如既往雋永的文字，一如既往打動觀者的眼睛和心靈，並且再次領受到他對美的一往情深……是的，就從翻開先生的這本博文集開始。

從柬埔寨暹粒省的暹粒市入境，掠過大、小吳哥遺跡群，乃至庫倫山的瀑布和洞里薩湖的水上浮村……這片土地上的叢林、瀑布、古寺廟、市鎮和農田等，毫無保留地展現面前。來吧，隨著先生在吳哥窟裡被驚豔到，在兩潭蓮花池邊看日出，領略藏身在巴戎寺的吳哥的微笑，柬埔寨的舞蹈又怎麼能錯過？接著是在比粒寺觀日落，穿過未完成的廟宇塔高寺，探尋塔布隆寺樹妖的祕密，還有庭院深深深的塔薩寺與東湄本寺，皇家浴池和女王宮，以及最具神祕氣息的崩密列，迷宮般的聖劍寺和龍蟠寺，讓人無奈的洞里薩湖的水上人家……除了那美輪美

奐的古蹟之外，更從中瞭解到柬埔寨的文化、宗教、歷史和她的發展脈絡。「無論是吳哥千年的微笑、輝煌燦爛的文明，抑或惡名昭著的紅色高棉、S21保安監獄的暗夜飲泣，都在我心裡烙下深刻的印象」。掩卷而思，頭腦中盡是讓人驚歎的美景、讓人感歎的文化以及讓人哀歎的歷史。

先生的新作果然又一次打動著我，只是遺憾沒有陪同前往。仍記得二〇一八年我受邀參加了先生組織的印度深度遊，一行二十幾位都是他的朋友，這些有深度、高度和寬度的朋友們，讓我窺探到許多別樣人生和風景，佛說「心生歡喜」，大概就是我當時的體會了。這趟旅行也讓我對先生更加崇拜，世間竟有這樣一位妙人。他事業的成功自不必多講了，讓我神往的是他的生活態度。我知道他常遊歷各國，用相機和手中的筆記錄每個感動，並將這些美展示和分享出來。他還在世界各地舉辦攝影展，我曾參加他在北京的攝影展，雖是偶然前往卻感動於他的悉心照顧。多快活的人生啊！我不懂莊子的逍遙是什麼樣子的，如果讓我想像，大概也不過先生這樣吧！用純淨的鏡頭靜靜地捕捉美好，隨處的一朵花、一隻蝶、一縷光、一座山、一片海、一面佛、一個人……世間的一隅就這樣心無旁騖地煥發出自己的美。想來，我也輾轉商場作戰三十多年了，見慣了風雨，也見到過彩虹，卻從未見過這樣有力量的寧靜。人，可以活得這樣逍遙和深情！而我，也要努力趕上先生的步伐，希望可以生活的如此通透、純粹！

吳哥窟的沉思

一個陽光燦爛風和日麗的日子，我又來到吳哥窟，與上一次輕煙裊裊，零雨其濛，大異其趣。

通常旅行者到柬埔寨（高棉）必遊吳哥窟，視其為當地的特殊民族印記。難怪有人說，不遊吳哥窟，不算到過柬埔寨。

柬埔寨是東協國家中一個較為神祕封閉、開發遲緩的國家。如不是世紀之交在此舉行了一場臺商大會，我可能不會主動規劃遊訪。然而，首次經驗畢竟令人難忘，回味無窮。

我們入住的是一間香港集團投資號稱金邊第一的大酒店，我站在大門前，望著一輛又一輛以當時眼光看仍嫌老舊的車輛駛過，難免陷入沉思。「這條大馬路是中國大陸捐贈的。」酒店的經理驀地出現在我的身旁，「原先臺灣人有意投資，被大陸知道後搶先拔了個頭籌。」

柬埔寨逐漸成了商家必爭之地，尤其是精打細算、爭分奪秒的臺灣中小企業。於是一家家的臺灣工廠進駐。不僅如此，金邊街上也隨處可見臺灣人開的店鋪，仔細一看，居然也充斥不

少臺灣的民間宗教團體。

有一特殊事件值得一記，以作為歷史存證。臺商在當時治安不甚理想的金邊，難免有持械自我保護的情形。「江南案」關係人陳啟禮由臺灣、大陸，輾轉到柬埔寨後，變成了當地知名人士。一日誠意邀請來自亞洲各地的臺商朋友到其鄉村別墅一敘，並藉機展示其擁有的「優勢收藏」。卻因消息走漏，遭到起訴。

高爾夫球場友誼賽經驗也令人莞爾。球場設計稱得上國際標準，但在行進途中，卻不斷有後面球洞的朋友違反國際禮儀將球打入我們的球道。球友低聲說：「那是總理。」

到訪柬埔寨總是從金邊開始。但厭倦了金邊市區的塵囂雜沓、煙霧張天、戰爭廢墟、屠殺傷痕，自然而然會轉而尋求一個短暫的寧靜。

那麼，還有什麼比吳哥更好的選擇？

吳哥的永恆傳奇，是由寧靜和神祕編織成的巨網。

柬埔寨古時有真臘國及扶南國兩雄相爭。西元八世紀中扶南國為真臘國所滅，王子逃到爪哇建立了夏連特拉王國（Wangsa Syailendra）。八世紀末，夏國反攻征服真臘，俘虜王子闍耶跋摩二世（Jayavarman II）並囚之於爪哇，這是標準的「王子復仇記」扶南版。

闍耶跋摩二世被釋放回國後，暫臣服於夏國。九世紀初（八〇二年），發兵進軍爪哇，擊敗夏國，自稱轉輪王，建立了高棉帝國，這是更精彩的「王子復仇記」真臘版。

高棉帝國在十二世紀國勢達到鼎盛。吳哥窟也在這個時期始建完成，歷時三十餘年。

公元十四世紀高棉帝國日趨衰落，而西方的素可泰王國（Sukhothai）和大城王國（Ayutthaya）卻逐漸興起。尤其大城王國在一三五二年更攻破吳哥城。高棉國勢日弱，統治者見吳哥城難以防禦，遂於一四三一遷都金邊。

從此，吳哥窟即逐漸湮沒在荒煙蔓草之中，直到一八六一年法國生物學家亨利•穆奧（Henri Mouhot）為尋找熱帶植物而無意間發現了埋藏了數百年之久的吳哥窟。它像一位默默修行的僧侶，靜靜的等待與人世間的重逢。

一八六三年穆奧發表了《暹羅柬埔寨老撾諸王國旅行記》對吳哥窟的精彩敘述，激發了西方人濃烈的興趣。從此探訪者不絕於途，吳哥窟慢慢掀開了她神祕面紗，成為了柬埔寨的代表符號，以及其國旗的最重要組成部分。

鄧予立主席素有「外滙教父」之美稱，是一位集金融家、旅行家、作家於一身的奇人。透過他的慧眼巧手和先進鏡頭，柬埔寨的動人風光一幅接一幅的展現在我眼前，勾起了我許多甜蜜的回憶。尤其是多張吳哥窟的傑作，更是令人神往。

太陽逐漸西斜，映得彩霞滿天。我突然驚覺從某一角度而言，吳哥窟毋寧是比較幸運的。

回顧近幾世紀來，考古學上不乏偉大發現。譬如說亞伯拉罕曾居住的兩河流域古城吾珥（Ur）以及敘利亞海邊古城烏加利（Ugarit）的重見天日，都經過了約四個千禧年。二〇〇四年我藉雅典奧運之便訪問了位於土耳其的特洛伊考古遺址（Archeological Site of Troy），才發現它只不過位於九個地質層的第六層而已。當然都只剩下碎石破瓦，斷垣殘壁。

倒是吳哥窟長久以來被濃密的森林「悉心呵護」，僅幾百年後，華麗再現，以聖者之容，王者之姿俯視大地。笑看人間雲捲雲舒，花開花落。或者，等待如鄧予立先生之千古知音？

潘漢唐

亞太臺商聯合總會總會長

企業文化與遊歷

承蒙獲邀為柬埔寨篇作序，榮幸萬分。度過亨達大家庭的第十六個寒暑，深切體會鄧主席所創造引領的一種管理文化，一種企業思維。執筆時湧進心頭希望道出的，就是鄧主席的遊歷、眼界和所創立企業文化中的玄妙關係。

眾所周知，鄧予立先生，才華出眾，多面多變，既是企業家，又是金融家；身為旅行家，亦是攝影家。其他如作家及慈善家等等方面，不在此細數。鄧主席周遊列國，走遍萬里路，護照裡搜集了近一百五十個不同的國家蓋章。「涉獵廣博，見多識廣」不用多說，「以史為鑑，洞悉先機」才是亨達家庭中感受最深。

身為一個成功的企業家，鄧主席更有著一套走在最前的營商及管理哲學。不單是大膽求變，發掘藍海，放眼世界，乃是一種破格思維。此破格思維，於較保守者而言，會視之為天馬行空；於較積極者而言，會視之為隱藏契機。大膽創新的同時，細心求證的做法，可謂剛柔並濟。如此基礎的前題下，亦形成了亨達的「人為本，不自滿，敢創新，常求變」的一種精神。

欣賞鄧主席的遊記，同時可看到攝影家視覺的照片，作家的文學寫作，更可領會一種風骨，一種對事的堅持。更難得的是，讀者可從話語文字行間細味主席賦予著企業的亨達思維。

主席今回探訪高棉文化之地，先從空中開始，鳥瞰一個立體的高棉遺跡。及後穿梭大小圈內不同的吳哥建築，包括「古代東方四大奇蹟」的吳哥窟及吳哥大王城等等，最後更到訪深度遊才能欣賞到的外圈景點勝地，行程可謂非常完整。連日探訪的廟宇不少，各具特色，有比較完整的，有日久失修的，有未完成興建的，有破敗的頹垣，亦有與大自然相互結合的，有待讀者在遊記中逐一發現。此外，在欣賞內容的同時，仔細留意主席在若干標誌性的景點都有透露一些攝影上的安排和技巧，請勿錯過。

縱然此記都是參觀古建築為主，但時而描繪建築細節，時而道出神話故事，再添上高棉及現今地區歷史的描述手法，讀者不單沒有重複之感，更能全方位地心領神會一度稱霸地區的高棉帝國的雄偉。

行程後篇，主席到金邊這個首都城市探訪了金、銀殿和「教室」，敘述了一段近代柬埔寨的一些發展和黑暗時期的悲歌，並以白馬市的一段輕鬆小故事作結。

鄧主席足跡滿天下，讀者們皆熱切期待一部精華，集全球之奇、人文、歷史、經濟各個方面作比較，以致在旅人、管理人和新經濟營運者閱讀皆有裨益。最後，二〇二〇年乃是集團創立三十周年的一個重要里程碑，特此獻上祝福並祝願集團發展越是美好！

劉凱傑

亨達集團首席執行官

推薦序五

領略萬千世界風采

認識鄧予立先生是在二〇一三年底一起去南極的旅程中。交往多年來，鄧先生作為「資深」老玩童，他寬廣的胸懷，有趣的靈魂，與時俱進的商業智慧，如年輕人一般對生活充滿好奇心和進取心的模樣，一直令我欽佩有加。在經營著非常成功的跨國金融企業的同時，卻仍保持謙虛、和善、平易近人的鄧先生也一直是我輩學習的楷模。

鄧先生多年來在世界各地遊歷，並將所見所聞書寫成文，匯集成冊。在兩岸四地和中東、歐洲等地出版了一系列旅遊書籍和攝影畫冊。他通過自身淵博的知識、流暢的文筆為我們描繪了一幅又一幅美麗的畫卷，從歷史文化到風土人情，從美食特產到古今建築，讓我常常覺得，只需拜讀鄧先生的大作，不用長途跋涉就可以行萬里路，領略萬千世界的風采。

鄧先生的遊記和普通的旅遊攻略有所不同。他通常由當地歷史文化背景入手，將當地上千年的歷史濃縮在最精煉的語言中，再由親身經歷引出當地風景名勝和風土人情。文章裡不僅包含了常見的旅遊景點，更有鄧先生自己認為有趣但鮮為人知的人物、歷史，甚至是酒店、當

地嚮導等等。信息量雖大，但講述方式生動有趣，讓讀者讀之酣暢淋漓、欲罷不能。從第一冊《收藏是一種幸福》的出版到這次的《老玩童遊柬埔寨：吳哥的破曉》，通過十幾本書的積累，鄧先生的文筆日漸老練，攝影作品風格也愈加成熟，他從不甘於平凡，不向年齡妥協，不拘泥於世俗，真正做到了灑脫、豁達。

本人第一次去柬埔寨大概是十年前，當時被吳哥窟晨光的壯美、金邊皇宮的輝煌、洞里薩湖安靜的氛圍感染。那裡有輝煌的歷史、淳樸的百姓，又有血腥的黑暗時期和百廢待興即將騰飛的經濟環境。此次拜讀鄧先生的新作《老玩童遊柬埔寨：吳哥的破曉》瞬間把我的思緒就拉回了十年前那些美好的夜晚。鄧先生的筆觸隨著歷史進程推移，先是將我們拉回一千年前的吳哥王朝，濃墨重彩地描寫了吳哥窟景區裡的各個標誌性建築，從吳哥日出到高棉的微笑，讓我們領略了「古代東方四大奇蹟」的風采。隨後，鄧先生又帶我們遊覽到附近的洞里薩湖，拜訪了安靜質樸的水上人家。接著，我們又在首都金邊領略了幾百年前柬埔寨皇宮的輝煌和殖民時期文化建築的時代韻味。最後，當進入到紅色高棉時期的博物館和集中營時，我們可以感受到鄧先生對恐怖政府深深的厭惡感和對美好時代來臨的喜悅。整個作品通過圖片及文字的雙重表現形式讓我們真切、直觀地感受柬埔寨的方方面面。僅一個下午的時間，我便一氣呵成讀完，充滿愉悅感。

接到這次鄧先生新作序的撰寫邀請，我深感榮幸，也非常感謝鄧先生撰寫此書，給我們帶來又一次精彩的文化之旅，讓我們在這飽受疫情壓抑的時期能夠暫時跳脫地理的局限，領略異國風光。

陸茵

瑞德傳媒有限公司董事總經理

二〇二〇年十月十五日

目錄 CONTENTS

柬埔寨王國

柬埔寨的正式全稱為「柬埔寨王國（The Kingdom of Cambodia）」，地理位置在中南半島，首都金邊，與老撾（臺灣稱為寮國）、泰國、越南三國接壤，全國面積約十八萬平方公里，人口逾一千五百萬，主要民族為高棉人，官方語言是高棉語。是議會制君主立憲制國家，以上座部佛教為國教。柬埔寨政府近三十年的努力經營，在發展經濟的同時，旅遊業也正急起直追，如今已成為國家重要經濟收入之一。

從翻開一本攝影集開始

曾經，我在臺北的誠品書店翻閱過一本攝影集，是美國藝術家John McDermott的拍攝作品《吳哥的哀歌》（*Elegy: Reflections on Angkor*），一百多幅的黑白照，每幅都有一段震人心弦的故事，記錄了吳哥古蹟的滄桑史，令我不忍釋手。這本書甚至引起我尋幽訪勝的興趣，成為我展開柬埔寨之旅的契機。

這個比臺灣大五倍的國家，究竟是個怎樣的地方呢？

柬埔寨的全名是柬埔寨王國（The Kingdom of Cambodia），地理位置在中南半島，與老撾（臺灣稱為寮國）、泰國、越南三國接壤，全國面積約十八萬平方公里，人口逾一千五百萬，主要民族為高棉人，官方語言則是高棉語。她是議會制君主立憲制國家，以上座部佛教為國教。

早在公元一世紀，柬埔寨就已經建國，是一個歷史悠久的文明古國。經歷了扶南、真臘和吳哥等時期，尤其是吳哥王朝，又稱為高棉帝國，在十二世紀時達到顛峰，國勢鼎盛，版圖甚至跨越今日泰國、老撾和越南三國的部分領土，更創造了舉世無雙的吳哥文明。

然而，柬埔寨的榮景卻在高棉帝國結束後的十五到十九世紀不斷消退，內亂外患不斷，十九世紀更成為法國的殖民地，並於二次世界大戰遭日本占領。脫離法國獨立後，柬埔寨並沒有因此往好的方向發展，反而陷入了持續的內戰內亂，使得家不成家、國不成國，人民顛沛流離，飽受戰火摧殘。這段歷史延續達二十年之久，直到一九九三年，才逐漸停止內亂。

一直以來，中柬兩國是忠實的盟友。我印象很深刻，一九七〇年毛澤東主席為支持柬埔寨國家元首諾羅敦・西哈努克親王（Norodom Sihanouk，臺灣譯為諾羅敦・施亞努）向世界發出了鏗鏘有力的宣言《520聲明》，支持當時的印支半島三國人民與美國為首的外國勢力作鬥爭：「無數事實證明，得道多助，失道寡助。弱國能打敗強國，小國能打敗大國……這是一條歷史規律。」

柬埔寨政府近三十年的努力經營，穩定政局，社會逐漸安定，並加入東協十國組織，對外亦逐步開放，包括開放外資使資金自由進出，兼且發展經濟貿易特區，成為外國人眼中的投資理想地，包括中、港、臺商人都不甘落後，紛紛在此設廠。近年來，先有臺灣的「南向政策」，後有中國倡議的「一帶一路」，柬埔寨都不曾缺席，商機無限。不過，在目前的東協成員國中，柬埔寨的經濟仍處於落後的局面，還需奮力趕上。

↑從空中鳥瞰世界文化遺產——吳哥窟

↑暹粒一隅：許多店家招牌都包含中文

經濟發展的同時，旅遊業也正急起直追，如今已成為國家重要經濟收入之一。二〇一九年二月，我乘「一帶一路」東風的勢頭，首次踏上這片歷盡滄桑，如今正積極破繭重生的國度。

第一個目的地，就是被列入世界文化遺產的吳哥古蹟（Angkor）。包括電影《盜墓者羅拉》（Tomb Raider，臺灣譯為古墓奇兵，大陸譯為古墓麗影）、《花樣年華》和《龍兄虎弟》，以及電視劇《一場奮不顧身的愛情》等，都在吳哥實地取景拍攝。越來越多人發現她的魅力，已成為中外旅客心馳神往的旅遊勝地。

我是從柬埔寨暹粒省的首府暹粒

市（Siem Reap）入境，暹粒國際機場離市中心七公里，距離舉世聞名的吳哥古蹟不過五公里，往返十分方便。從機場前往市區的途中，我沿路觀察窗外的景緻，市區並不怎麼繁榮熱鬧，據說這是個人口約二十萬的小城市，整體面積並不大，僅約十多萬平方公里。我特別注意到大部分的店鋪，包括餐館和銀行等，招牌除了柬埔寨文字外，都附上中文字，使我有如回到中國偏遠城鎮的感覺。最大的區別就是道路標誌和店鋪招牌多加了一列猶如符號般的柬埔寨文字吧！不過我很快就將這些景色拋諸腦後，內心為了即將展開的「吳哥尋祕」之旅而期待不已。

↑直升機空中遊

由於我已有先前在緬甸蒲甘和茵萊湖搭乘熱氣球的旅遊經驗，非常了解升上天際俯瞰下方景緻的觀感，與平面式的旅遊迴然不同，因而在安排行程時，特別要求先搭乘直升機，來一趟立體式的空遊吳哥。

酒店經理根據我的希望，替我特別安排一小時的個人飛行行程。直升機包括機師共可搭載四人，這樣一來，機上還有空位，我便邀請導遊作伴，一同升空。對他們來說，平時根本沒有機會搭乘直升機，此乃他們的處女行，因而感到無比興奮，在飛行過程中不斷地向我介紹。

↑許多旅客會來到庫倫山的瀑布戲水

↑洞里薩湖的水上浮村

↑女王宮是吳哥遺跡群的一個熱點

午後天高雲淡，直升機騰空後，宛如仙鶴般恣意飛越在熱帶叢林上方，掠過大、小吳哥遺跡群，乃至庫倫山的瀑布（Kulen Mountain Waterfall），和洞里薩湖（Trule Sap Lake）的水上浮村等等。駕駛員逐一在這些著名的吳哥古蹟上空徘徊，我的相機快門也按個不停。我盡情享受遨遊的獨特魅力，打從內心發出陣陣驚嘆。這片土地上的叢林、瀑布、古寺廟、市鎮和農田等，毫無保留地展現在我的面前，是一場視覺上的饕餮盛宴。

↑位於吳哥遺址群東邊的比粒寺是觀賞日落的絕佳去處

驚豔吳哥窟

在接下來十二天的旅程中，我絕大部分的時間集中在吳哥考古公園（Angkor Archaeological Park）內，盡可能地參觀此處的諸多遺跡，以更為了解這個柬埔寨最負盛名的王朝。

吳哥遺跡之所以廣為世人所知，也是來自於一本書。這是一本關於暹羅（今泰國）、柬埔寨、老撾和安南（今越南）的遊記，作者是法國博物學家亨利・穆奧（Henri Mouhot）。一八六〇年，穆奧為了尋找熱帶動物，旅遊到柬埔寨的叢林，無意間發現一座宏偉的古廟遺跡，這些過程都寫入了他的旅途記錄中。然而不過隔年，他就在旅途中病故。他所記錄下的旅行見聞由弟弟查爾斯・穆奧（Charles Mouhot）整理成冊，一八六二年一本圖文並茂的法文遊記《暹羅柬埔寨寮國諸王國旅行記》（法語書名：*Voyage dans les royaumes de Siam, de Cambodge, de Laos et autres parties centrales de l'Indochine*）在巴黎首先出版。穆奧其實並非第一個發現吳哥遺跡的人，但他引人入勝的精彩圖文、對於吳哥窟的詳盡描述，引起了西方世界對吳哥窟的關注，從而揭開了吳哥遺跡的神祕面紗。

在遊記中，他極力推崇吳哥的古廟群：「此地廟宇之宏偉，遠勝古希臘、羅馬遺留給我們的一切，走出森森吳哥廟宇，重返人間，剎那間猶如從燦爛的文明墮入荒蠻。」（One of these temples... is grander than anything left to us by Greece or Rome, and presents a sad contrast to the state of barbarism in which the nation is now plunged.）

一八六六年，法國攝影師艾米爾・基瑟爾（Emile Gsell）受託遠赴吳哥拍攝一系列的照片，這些寫實的照片可說是現存最早的吳哥窟影像，它們的發表讓世人目睹古城的規模宏大、建築壯偉，令人讚嘆，不但撼動了法國，也轟動了世界。

↑吳哥窟山字形的主體建築倒映在蓮花池，上下兩個世界宛若一個整體

↑從主建築回望蓮花池旁拍照的人群

事實上，早在十三世紀，元朝就曾派遣大臣周達觀出使真臘（今天的柬埔寨），吳哥當時即為真臘的國都。周達觀到了真臘後，在此逗留長達一年多的時間，回國之後寫下一本八千多字的《真臘風土記》。書中詳實記載吳哥王朝的城郭宮室，以及與中國大相逕庭的風俗信仰文化等等，不僅說明中國對吳哥的認識比法國人早了六百多年，這本著作更成為現存唯一有關當時吳哥的文獻，對於研究吳哥文明至關重要。

在高棉語中，吳哥是「城市」之意，在公元九到十三世紀期間，是柬埔寨歷史上最輝煌的吳哥王朝都城，王朝一度是雄霸整個中南半島的強盛帝國，更是一個富裕且文明昌盛的國家，這座古都見證了王朝曾經的輝煌燦爛。遺

↑吳哥窟當地的僧侶為遊客進行祈福儀式

憾的是，經過數百年的更迭，相關的歷史文獻幾近全數失落，只能憑著寺廟石碑上的銘文，以及流傳自中國史書的零碎資料，例如最具代表性的《真臘風土記》窺見一二。

近百年來，考古的不斷發現，使得消逝的吳哥王朝神祕文明逐漸浮出水面，不過至今仍然滿是謎團，有賴學者專家們繼續研究考證。一九九二年，聯合國教科文組織將吳哥古蹟列入世界文化遺產名錄中，吳哥遺跡愈加受到世界關注，紛紛投入大量資金在考古及維護工程上，冀望能保存如此珍貴的世界文明。導遊表示，世界上眾多的文化遺跡中，能夠獲得這麼多國的重視，並資助考古和修復，除了吳哥之外，大概很難找到與之相同的地方了。

整個吳哥遺跡基本上是一個寺廟群，占地面積相當廣大。導遊表示，若要來一次深度遊，至少非得花費四到五天時間。遺跡可以劃分為小圈、大圈和外圈三個區塊，旅遊人士一般都集中在小圈和大圈，小圈包括吳哥窟（Angkor Wat）和大吳哥城（Angkor Thom）內外的幾個旅遊精華，例如巴戎寺（Bayon）、巴普昂寺（Baphuon）、空中宮殿（Phimeanakas）、象臺（Elephant Terrace）、十二生肖塔（Prasat Sour Parat）、塔高寺（Ta Keo）和塔布隆寺（Ta Prohm）。大圈的景點包含距離大吳哥城不遠的幾座寺廟和巴肯山（Phnom Bakheng）。至於外圈的幾個古遺跡因為離暹粒較遠，若要前往，就得另作安排。

話說回來，吳哥遺跡究竟為何會遍布如此多的寺廟呢？

首先要從吳哥王朝的宗教講起。柬埔寨在扶南王國的時期，傳入了來自印度的婆羅門教和大乘佛教，雖然從扶南、真臘乃至吳哥王朝的前期和中期都以印度教為國教，但佛教也一直影響著這個國家，期間也一度出現信仰佛教的國王。直到十三世紀左右，因陀羅跋摩三世（Indravarman III，周達觀擔任使節訪問吳哥王朝時的統治者）在位時，將國教改為上座部佛教，從此以後上座部佛教便成為柬埔寨最具影響力的宗教。

↓柬埔寨90%的國民信奉佛教，街頭巷尾或吳哥窟內
經常可看到身穿袈裟的僧侶

因為不同時期宗教的影響，吳哥的寺廟有個特色，那就是融合。儘管婆羅門教影響力和地位逐漸被上座部佛教取而代之，卻發展成一種獨特的「高棉式」宗教。今天我們在吳哥遺跡見到的寺廟，依然帶有濃重的印度色彩，供奉的多是來自印度的神祇，例如濕婆神（Shiva）、毗濕奴（Visnu），守護神那伽、金翅鳥等等。但是在建築方面，卻又與印度的寺廟建築完全兩樣，類似的建築很難在印度找到，是繼承和融合了扶南和真臘的建築形式。

不過吳哥的寺廟並不是一般讓人民燒香拜佛的廟宇，而是屬於神明的居所，一般採用堅固的石材建造，規模異常龐大。無論是印度教或佛教，皆認為世界的中心是須彌山，山周圍環繞著海洋。寺廟既然是神的居所，理所當然便應該有「山」的形態，因此吳哥遺跡群中，金字塔式的「廟山」（temple mountain）寺廟就占了多數，我所參觀的寺廟也以此形式為大宗，很容易辨認出來。

↑護城河上架起浮橋

吳哥王朝從創始者闍耶跋摩二世（Jayavarman II）開始，樹立了「神王信仰」，神明附身於國王，國王就是供奉在寺廟中神明的化身。通常吳哥國王登基時會建造國廟，代表王權的合法性，同時也會建造供奉和紀念祖先的祖祠，使得寺廟的數量越來越多。然而，上座部佛教排斥神王信仰，自十三世紀開始，國王不再被視為神明的化身，威望與權力江河日下，這或許成為吳哥王朝衰落的因素之一。

在吳哥遺跡群中，最為聞名遐邇、舉足輕重的，非吳哥窟莫屬。吳哥窟又稱為吳哥寺或是小吳哥，與中國萬里長城、印尼婆羅浮屠和印度的泰姬陵合稱為「古代東方四大奇蹟」。它建於十二世紀間，歷時三十五年才完工，是世界上最大的寺廟，占地面積近兩百公頃，由當時的國王蘇利耶跋摩二世（Suryavarman II）興建。在這個時期，吳哥王朝的疆域最廣，正是帝國最為鼎盛的時候，吳哥窟呈現了豐富燦爛的吳哥文明，是王朝登峰造極之作。

吳哥窟是當時的國廟，也是國王升天之後的太廟，供奉印度神祇毗濕奴。前面提過，神王信仰中，國王是寺廟中神明的化身，蘇利耶跋摩二世便以毗濕奴化身自居，是徹頭徹尾的毗濕奴信徒，寺廟內處處刻畫與毗濕奴有關的神話故事。

↑左方為藏經閣，右為架高的石砌大道
↓吳哥窟日出

↑最內層的迴廊中央是高達六十五米的寶塔神殿

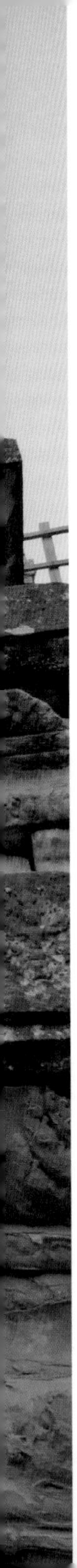

我首先來到吳哥窟前觀日出。由於此處早已名聞四海，是非去不可的旅遊勝地，觀日出也是非常熱門的節目，為了占據有利的位置，天色未明時，我就摸黑起床，梳洗一番後，隨即跟著導遊手電筒微弱的光線，伴著夜空的星光，邁開了小吳哥訪遊的第一步。

進入景區後，我們小心翼翼跟著人群前進。早先搭乘直升機，從空中俯瞰，可以發現呈四邊形的吳哥窟四周以護城河包圍，往內是城牆，護城河外則是一片熱帶森林。在吳哥被世人所遺忘的數百年間，城牆與護城河作為一道堅實可靠的屏障，阻擋了叢林對於古蹟的進犯侵蝕，使之保存得較為完整。近兩百米寬的護城河上，有東西兩條長堤與吳哥窟的東、西門相通，一般是從西堤前往西門進入吳哥窟，不過目前西堤正在進行維修，護城河上架起一座浮動木橋，過了浮橋，便到達小吳哥的外牆。

穿過西門，一條架高的石砌大道通往主建築的寺廟，約三百多米長。大道兩側隱隱約約各見到一座建築物，導遊表示那是作為藏經閣的用途。

在熹微的晨光下，我們來到主建築前的兩潭蓮花池。導遊強調此處乃是觀看和拍攝日出的最佳地點，想當然耳，池畔早就擠滿人群，只見黑影重重，這些都是比我捷足先登的旅客。他們與我抱著相同的心情，期待最為精彩的一剎那來臨。我也占據好有利位置，靜候日出東隅。

↑登上寶塔神殿前的樓梯相當陡峭

↑寶塔神殿前巧遇一位南亞
遊客穿著傳統服裝拍照

守候大約半個小時，旭日開始從吳哥窟的後方緩緩爬升上來，天空也漸次變亮且轉紅。脫離了昏暗的天色後，建築的輪廓也逐步顯現出來，愈加清晰。我驚喜地發現這正是我在柬埔寨國旗上看到的圖騰！山字形的主體建築倒映在蓮花池，上下兩個世界宛若一個整體。此時此刻，我和現場來自世界各地的旅客格外感受到人類建築與大自然的絕妙融合，每個人都把握這段美妙時光，恨不得用相機從各種角度留下這幅美麗的畫卷。

導遊隨後向我補充吳哥窟的特別之處，他說吳哥時期的印度教寺廟大門都是朝向東方，唯獨吳哥窟乃坐東朝西，箇中原因始終成謎，但有學者因此推論，吳哥窟並不是寺廟，而是國王的陵墓。正因為方位的巧妙設

↑層層迴廊和平臺之外是一片叢林

計，才讓日出小吳哥的景緻無與倫比。據說在每年的春分與秋分這兩天，太陽會正好從吳哥窟最高塔頂後方冉冉升起，成為攝影愛好者夢寐以求的絕妙奇景。

旭日東升後，我待人群散去才進入小吳哥的主體建築。未跟隨旅行團的好處是時間上毫無限制，可以有足夠的時間細細觀賞品味。

吳哥窟是集大成的廟山建築，主建築從外而內依次有大、中、小三層長方形的平臺與迴廊，層層相套，渾然一體。最內層的迴廊中央是高達六十五米的寶塔神殿，其餘四座較小的塔則安置於四個角落，

↑西壁的「楞伽之戰」出自《羅摩衍那》

五座寶塔呈現五點梅花式排列。寶塔象徵宇宙中心須彌山的山峰，迴廊則代表山脈。

我從第一層臺基的迴廊開始參觀欣賞，細看之下發現迴廊內壁，包括廊柱、石壁、基石、門楣以及欄杆都刻有精美的浮雕。此處的浮雕迴廊被認為是最為精彩的，東西南北四面牆上共有八幅浮雕，高兩米多，全長近八百米，浮雕的主題取材自印度的兩大史詩《摩訶婆羅多》和《羅摩衍那》，有些則關於吳哥王朝的歷史。

東牆的「乳海翻騰」，講述了一個有趣的神話故事：印度神話中

↑吳哥窟內婀娜多姿的仙女浮雕

的神祇也會困擾於生老病死，而據說須彌山周圍的乳海中藏有能夠長生不老的甘露。稱做提婆的善神們和惡神阿修羅們約好一同攪拌乳海來獲取甘露。毗濕奴化身成巨龜在海底作為支點，以曼陀羅山為杵，巨蛇當作攪繩，九十二個阿修羅抓著蛇頭，八十八個提婆持著蛇尾，以拔河的方式拉動巨蛇，合力攪拌乳海。當甘露出現時，阿修羅打算獨占甘露，毗濕奴將乳海濺起的浪花化成無數的飛天仙女阿帕莎拉（Apsara），曼妙的舞姿和身段讓阿修羅們看得忘神，提婆們趁機搶回甘露飲用，從而獲得長生不老。

↑浮雕迴廊

南牆有一邊描繪了天堂與地獄的場景，另一邊則關於吳哥窟建造者蘇利耶跋摩二世的軍隊與占婆（今越南）的戰爭，其中還有來自中國與暹羅的士兵助陣。北壁是毗濕奴等天神與魔鬼作戰的故事，西壁的「楞伽之戰」出自《羅摩衍那》，敘述主角羅摩的妻子悉多被魔王擄去，羅摩在神猴哈奴曼與猴子軍團的幫助下擊潰魔王大軍，救回悉多的過程。浮雕壁畫富於想像力且注重細節，就連角色的面容表情、衣物上的紋樣都仔細呈現出來。

此外，吳哥窟內婀娜多姿的仙女浮雕也相當出名，布滿各處的仙女總數將近兩千尊，專家們根據造型分為兩類，其中風姿綽約呈現立姿的是蒂娃妲（Devata），翩翩起舞的飛天仙女則是「乳海翻騰」故事中提到誕生自朵朵浪花的阿帕莎拉。這群美麗的仙女雕工細膩、模樣鮮活，神情、面貌、衣著都各有特色。

吳哥窟的三層迴廊分別象徵地獄、人間和天堂。穿越第二層迴廊後，要想登上最高的第三層迴廊，天神所在的地方，需要走上一段階梯。然而，登上「天堂」的臺階階面非常狹窄，坡度幾近垂直，令人望而生畏。當我踏上臺階，發覺腳底板有一半幾乎是懸在臺階之外，要登上最高處，絕非易事。不過我也跟其他旅客一樣嚮往「天堂」，不得不手腳並用攀爬，還得隨時留意腳下安全。導遊稍後為我解釋，這種設計使得人民必須低著頭，無法與神平視，代表人民面對神的時候要永遠表現謙卑虔敬。連建築都必須面面俱到，可謂用心良苦。

↑吳哥窟內婀娜多姿的仙女浮雕

吳哥的微笑

單是吳哥窟的遊歷已讓我無比驚豔，而這僅僅是整個旅程的開端。在接下來的旅途中，所見所聞更是驚嘆連連。其中，真正讓我感到觸動的，卻是「吳哥的微笑」（Smile of Angkor），也有人將之稱做「永恆的高棉微笑」。

吳哥窟後方的吳哥大王城（Angkor Thom）也稱為「大吳哥」。《真臘風土記》有這樣的一段記載：「州城周圍可二十里，有五門，門各兩重。惟東向開二門，餘向皆一門。城之外巨濠，濠之外皆通衢大橋。」當我親身來到此處，眼前所見的一景一物，時間彷彿凝結在七百多年前，完整還原了周達觀的文字，如同穿越了時光隧道一般。

整個吳哥大王城遺址，是由無數逾噸重的灰色砂岩巨石建構而成，設計的格局非常恢宏壯闊。王城呈正方形，每邊長三千米，圍成一座約九平方公里的都城。兩條主要街道彼此垂直，在大吳哥的正中央交錯，這個中心點為巴戎寺（Bayon）。全城共有五道城門，除主要街道連接的東、西、南、北門之外，東面還有一道「勝利門」，與城內的皇宮相通，是為迎接凱旋而歸的戰士而建。其中南、北門的保存狀態最好，我是從古樸的南城門進入，遊吳哥大王城的旅客也通常是從南門進、北門出。

↑南城門及前方的石橋參道

南城門前有條長一百零八米的大橋，橫跨護城河，這座石橋參道的左右兩邊各有一排塑像，高兩米的塑像出自於前面提到過的神話故事「乳海翻騰」，位於橋左的雕塑是善神提婆，右側則是惡神阿修羅，兩邊各有五十四尊神像，雙手緊抱巨蛇的身軀，好似兩列長長的「拔河」隊伍。導遊叮囑我仔細觀察這兩列塑像，從面相就能夠輕易分辨孰為善神，孰為惡神。

石橋參道下方的河水十分清澈，河邊還停泊了遊河的小船，旅客可乘坐狹長的小船順著波光粼粼的河道繞城一周，欣賞吳哥大王城的外城牆。

來到石橋參道末端的南城門，城

↑南城門前的石橋與惡神阿修羅雕塑

門高約二十三米。根據周達觀的描述是：「城門之上有大石佛頭五，面向四方。中置其一，飾之以金。門之兩傍，鑿石為象形。」不過我實際見到的是朝向四個方向的四面佛頭，仔細看去，每尊佛頭的表情都略有不同。值得留意的是城門兩旁有精美的雕花，還有三頭象以長鼻從地上捲起蓮花的塑像，造型生動。在象鼻上原本還有印度神話中天神之王、雷雨之神因陀羅（Indra），傳說中三頭象便是因陀羅的坐騎，不過如今因陀羅的塑像已破損到無法辨認了。

大吳哥被認為是十二世紀末期柬埔寨最大的城市，據說居民超過百萬人之多。城內劃分為數個區域，然而目前僅留下數座寺廟遺跡，其中以巴戎寺最有名氣，深受世人矚目的「吳哥的微笑」就藏身在巴戎寺中。

巴戎寺建造於十二世紀末，建造者為國王闍耶跋摩七世（Jayavarman VII）。這位國王頗具有傳奇色彩，他曾經兩度放棄登上王位的機會，直到最後一次，占婆王國進犯，攻入吳哥，大肆破壞，當時還是王子的闍耶跋摩七世已近六十歲了，為了江山社稷，親率大軍奮起抵抗，終將占婆王國的軍隊徹底逐出真臘，並於一一八一年登上了王位。闍耶跋摩七世的一生跌宕起伏，他曾經歷國家的內亂，抵禦外族的入侵，吳哥王朝更在他的統治之下，重新振作起來，進而發展成為王朝鼎盛的黃金年代。或許受到這番經歷的影響，讓他改變了宗教信仰，皈依大乘佛教，巴戎寺成為吳哥王城中唯一的大乘佛教寺廟。

↓巴戎寺內各種垂目微笑的佛像

↑巴戎寺內各種垂目微笑的佛像

做為闍耶跋摩七世的國廟，巴戎寺代表的是須彌山，也有人認為是用來攪動乳海的曼陀羅山。穿越南城門後，向前行一段路，在林木綠蔭後方，廣闊的平臺上猶如山丘般屹立了一座巍峨壯麗的寺廟，這就是蜚聲國際的巴戎寺。遠觀這座寺廟，是金字塔式的建築，一層層疊高，中央最高處是座圓形寶塔，周遭原本應有四十八座大小不一的佛塔，像眾星拱月一般簇擁著中心的寶塔。不過如今僅復原了三十多座。每一座佛塔上都刻有四面佛，導遊表示，四十九座四面佛塔連同五座四面佛塔式的城門，整整五十四座，正好象徵著吳哥王朝在鼎盛時統轄的五十四個省。巴戎寺被周達觀稱為「金塔」，我估計當時佛塔上應該貼滿了金箔，所以才有金塔之名，說明當時是多麼輝煌富裕的盛世。

進入巴戎寺，穿越兩層方形的迴廊，先來到中央的寶塔。寶塔建在兩層空心的臺基之上，兩邊分別各有一尊石獅和一尊結合金翅鳥與蛇神那伽的塑像，共同守護在石階前面。我登上頂層平臺的階梯，先來到寺中最精華的部分，與「吳哥的微笑」來個零距離接觸。

據說這些容貌慈悲、垂目微笑的佛像是按照闍耶跋摩七世的面容作藍本。我仔細觀察，發現每個佛像的面相都略有不同，這表示原本應有二百一十六個不一樣的高棉微笑。隨著光線強弱的變化，以及角度的不同，佛像會展現不同的形態表情。我以廳廊殘壁作背景，在數不清的佛與佛的排列、交錯與對望間，拍下不少具有蒙太奇效果的照片，甚是有趣。

我相信「吳哥的微笑」真正打動人心的地方，不在於它的建築，而是佛像半闔的雙眼、悲憫的神情，傳達對世人的關懷與慈愛。

除了微笑高棉外，巴戎寺另一個深受矚目的精彩之處，莫過於它的迴廊浮雕。浮雕分為上、中、下三段，內容除了神話和宗教故事外，還有描繪國王親率吳哥軍隊與占婆大軍廝殺的場面，或是國王駕崩的情景，最難得的是有相當的篇幅描述當時王室和人民的日常生活寫照，場景多達三百個，例如慶祝節日、祭祀、烹牛宰羊、鬥雞鬥豬、捕魚，甚至婦女臨盆等，人物超過一萬一千個。如此詳盡且世俗化的雕塑題材不僅內容豐富，而且在吳哥建築群中非常少見。若用這些記錄高棉人日常的浮雕壁畫對照《真臘風土記》中的記載，對於了解當時人民的生活起居，極具研究價值。

↑象臺的一側刻有金翅鳥的浮雕

浮雕迴廊很長，我卻未能全部欣賞，主要是巴戎寺太過熱門，旅客眾多，彼此摩肩接踵，實在難以靜下心來仔細賞析，只能邊聆聽導遊的介紹，邊走馬觀花。此外，由於覆蓋迴廊的拱頂禁不住歲月的摧殘，失去了保護浮雕的作用，使得部分浮雕外露多年，有些受到綠苔侵蝕，有些早已模糊不清了。

「以大為小，以強為弱，在俯仰之間耳。」在巴戎寺似乎更能理解這句話的涵義。世事變化，人生無常，曾經的繁榮昌盛如曇花一現，成了過眼雲煙，千年歷史興衰彷彿只是一瞬之間的事。唯有高棉的微笑與迴廊石壁上的雕刻依然故我，沉默地看著世間的潮起潮落。

離開了巴戎寺後，我跟隨導遊依序賞遊大吳哥王城的其他觀光重點，對於大吳哥王城的風采有更深一層的領略。

巴普昂寺（Baphuon）又叫巴本宮殿，建於十一世紀，供奉印度教的濕婆神，在建築的那個年代是最具規模的國廟。《真臘風土記》其中有一段敘述：「金塔之北可一里許，有銅塔一座，比金塔更高，望之鬱然，其下亦有石屋十數間。」文中提到的銅塔，就是巴普昂寺，字裡行間得知這座國廟甚至較巴戎寺還高，可以想像出它曾擁有如何恢弘的氣勢。然而寺廟在十五世紀被改為佛寺，加建了一座巨大的臥佛，影響結構的穩定度，導致部分建築崩塌。隨著日久失修，寺院愈加殘破，直至二十世紀，才重新開始重建工程，可惜許多相關文獻在戰亂中遺失損毀，導致修復過程困難重重，經過多年努力才終於有今日的面貌。我在此未多加駐足，稍加瀏覽後便前往後方的皇宮群。

皇宮為木造建築，如今早已不敵光陰，泯沒於歷史的長河，僅存幾許砂岩的斷垣殘壁、浴池等。空中宮殿（Phimeanakas）外觀與墨西哥的瑪雅金字塔神似，是一座三層的建築，它其實並非宮殿，而是皇室祭祀之用。要想登上空中宮殿，勢必得爬上一段陡峭的階梯。我稍早才領教過吳哥窟的階梯，不敢再造次，唯有放棄，站在這座「金字塔」下聽導遊講古，原來頂端曾經有座金塔，傳說吳哥國王每晚會在此與九頭蛇精化成的女人之身同寢。《真臘風土記》中就有一段記載：「若此精一夜不見，則番王死期至矣。若番王一夜不往，則必獲災禍。」

象臺（Elephant Terrace）全長三百多米，面向吳哥城的勝利門，此處是國王檢閱凱旋歸來大軍的閱兵臺，由闍耶跋摩七世修建，八世擴建。這兒最值得一看的部分，包括中央的登臺階梯刻有金翅鳥的浮雕和石獅的塑像，面南的登臺階梯兩側是三頭象以長長的象鼻捲起蓮花，臺基牆壁上還有大象出征的浮雕，刻畫得栩栩如生。至於旁邊的癲王臺（Leper King Terrace），上下刻滿浮雕，其中的人物包括阿修羅和仙女等。導遊表示這兒的用途是火葬場，由於我過去遊歷印度瓦拉納西恆河邊的火葬場後，曾經遭逢「異事」，猶有餘悸，因此並未沿著木棧道走上癲王臺，遠眺幾眼後，就此別過。

象臺階梯兩側雕塑的三頭象以長長的象鼻捲起蓮花

從臺上望向對面的樹叢間，可以見著十二座大小相仿的小塔，高棉文寫做Prasat Suor Prat，被稱為十二塔廟，一般華人則稱為十二生肖塔，不過與我們的十二生肖並沒有關係，它們的實際名稱和功用至今仍然是一個謎。根據小塔的造型設計，有人認為節慶時會在塔與塔之間以繩相連接，由藝人表演走繩索等節目；也有一說這是為王室提供觀禮和欣賞表演的場地。根據周達觀的說法，這十二座塔的用途是解決人民的爭端，若兩造衝突無法判斷孰對孰錯，就各關進一塔內，看誰出現生病的症狀，則那個人便是有錯的一方，然而這個講法目前並未有其他的資料加以佐證。十二生肖塔後方兩側各有一個建築物，各為北喀霖寺（North Kheang）和南喀霖寺，同樣用途不明，可能是用來招待使節或貴賓的地方。

吳哥大王城城牆的四個角落還建有小型廟宇，叫做帕沙青戎廟（Prasat Chrung），這四座帕沙青戎廟的大小樣式雷同，且都面朝東方。東南角的帕沙青戎廟目前保存狀況最佳，若時間尚有餘裕，也可以移步到此，還可以順道欣賞護城河的風光。

↑十二生肖塔的實際名稱
和功用不明

柬埔寨的舞蹈文化

來到柬埔寨，除了吳哥的微笑外，也別錯過仙女之舞！

我在暹粒的第一個夜晚，酒店為住客帶來意外的驚喜，在露天庭院中呈現一場綜合舞蹈演出。在舞者肢體的擺動中，舞蹈呈現非常濃郁的傳統風味。我曾經在泰國看過當地的傳統舞蹈演出，這回欣賞柬埔寨的舞蹈表演，總覺得兩者十分接近，無論在舞者的服飾或跳舞的姿態方面，都極其類似，令我滿腹疑問，好奇兩者之間到底有何關聯。向導遊提問後，導遊在整趟的旅程中不止一次對我強調：泰國舞蹈是源自柬埔寨，向柬埔寨學習並仿效的。

導遊細細解釋這段緣由，他說柬埔寨的舞蹈基本上分為古典宮廷舞和民間舞兩大類，其中的古典宮廷舞被稱為皇家舞劇，又叫仙女舞（Apsara dance）。為何會有如此稱謂呢？原來這是一種向神靈祈禱的舞蹈，表演者被視為人間的阿帕莎拉仙女，擁有極為崇高的地位。前面提到過，阿帕莎拉是印度神話中自浪花誕生的飛天仙女，被視為國王與上帝和祖先之間的信使。皇家舞劇已有相當長的歷史，據說最早可以追溯到一世紀前後，當時印度文化傳入扶南王朝，融合了柬埔寨的本土文化，奠定高棉文化的雛形，這一點也體現在舞蹈藝術中。導遊表示，無論是古老的石碑上，或是在吳哥窟的雕刻中，都能尋得它的痕跡。

吳哥王朝晚期，暹羅入侵，攻破了吳哥城。王朝衰亡後，柬埔寨再次遭到暹羅入侵，並且一度向其臣服。在這段期間，柬埔寨王室衰微，宮廷舞不僅流落至民間，同時也被暹羅人帶回本國。直到十九世紀中葉，柬埔寨安東王登基後，致力復興幾近失傳的宮廷舞，同時加以改革，使之得以繼續發展傳承下去。

好景不常，七〇年代紅色高棉統治時期，宮廷舞再度受到重創，其與王室的關係被視作舊時代的象徵，絕大多數的舞者和樂師都遭到屠殺，幾近消亡。至一九七五年紅色高棉瓦解，倖存者在聯合國的協助下聚集起來，建立學校，讓這門藝術得到傳承。不過仍然面對許多現實面的挑戰，像是資金以及合適表演空間的缺乏。

柬埔寨的古典宮廷舞有幾項特色，一是穿著色彩豔麗的傳統服飾，還有一點非常重要，那就是手勢，單是手指的伸展、翻轉，便都代表了不同的涵義，這種表演可非一朝一夕能夠學成，都需要經過長期而嚴苛的訓練。從角色的服裝、面具，以及手勢和身體的律動中，就能夠可以看出角色的分別，以及表演傳達的涵義。這類的技巧需要嚴格的要求與訓練，所以舞者多從年幼的時候就開始學習。

柬埔寨的仙女舞非常注重手勢的動作，舞姿柔美而帶有神聖感

我在柬埔寨的酒店便近距離觀賞了一場仙女舞的演出，彷彿進行了一次穿越之旅，來了舊時吳哥的王庭。一片漆黑中，低沉而悠揚的樂聲響起，舞臺兩側燃起燭光，扮成阿帕莎拉仙女的舞者們身著亮麗奢華的服飾，款款而出。她們身段柔軟、體態婀娜，或翻動手腕，或抬起單腳，眼神波光流轉。舞姿顯得如此柔美而帶著神聖感，靜中有動、動中有靜，展現一種東方含蓄又有深度的美。

↑吳哥窟內婀娜多姿的仙女浮雕

除了仙女舞之外，柬埔寨的古典舞蹈還包括了面具舞，面具舞唯一表演的劇目，來自於印度史詩《羅摩衍那》，這故事同樣也出現在吳哥窟浮雕牆的主題中。在表演中，除了女主角悉多和女性角色之外，其他男舞者演出時都戴著面具，面具包覆住頭到脖子的部分，也遮住了舞者的表情，眼睛部位則留有兩個小孔，方便舞者看到外界，面具則用不同的顏色來繪製。表演的時候，舞者無法說話，以具有特定涵義的動作舞步來表現，舞者是和包括木管、銅鑼和鼓等樂器，以及以歌唱和誦讀來描述情節的合唱團一同進行表演。

此外，面具舞表演時，也會跟大皮影戲（Sbek Thom）一起表演。大皮影戲的皮偶約一人高，有的甚至達兩百公分，是由整片的真牛皮製作，並用樹皮染色、繪製、剪形等，然後繫於兩根竹棍上，讓舞者操作，藉由操作皮偶的舞步動作來詮釋角色，表演時舞者也沒有語言對白，但會伴有樂器的演奏，以及負責講述的人。

在吳哥王朝時期，大皮影戲與皇家舞劇同樣都是被視為「神的藝術」的神聖象徵。一般只有在新年、國王誕辰等特殊場合演出，作為一種祭祀儀式。吳哥王朝衰落後，大皮影戲逐漸成為一種將傳統祭祀儀式保留下來的民間藝術。

在暹羅入侵柬埔寨的那段時間，不僅掠奪了大量財物，甚至將舞者、樂師和工匠一併帶回暹羅，使得舞蹈和多項技藝也隨之流入，影響了該國的文化發展，包括目前在泰國傳統舞蹈中占了重要地位的面具舞（Khon，箜劇，或譯為孔劇），不料泰國人認為自己保存了正宗的宮廷舞劇，並一直延續發展至今，因此把它「據為己有」，於二〇一八年初向聯合國提出申請將面具舞列入世界遺產。

當然，此舉遭到柬埔寨的極力反對，堅持皇家面具舞是屬於本國的文化遺產，柬埔寨不得不同時申請世遺。聯合國教科文組織面對兩個國家同時以近乎相同的舞蹈提出申請，必須加以研究並做出決斷。最後根據史實，在二〇一八年十一月二十八日確定面具舞（Lakhon Khol）本屬於柬埔寨，並且列入人類非物質文化遺產，使這個爭議總算塵埃落定。

除仙女舞的表演外，當天晚上在酒店的綜合演出中，還包括椰殼舞、昌揚舞，以及和中國傣族一脈相承的竹竿舞等，這些均屬於柬埔寨的民間舞，與宮廷舞一樣有著悠久的歷史，不過它源於人民的生活，除了富有濃厚的民族色彩，也更加活潑而生氣勃勃。

柬埔寨盛產椰子，是一項重要的農業資源，在柬埔寨東南部的柴楨省（Svay Rieng Province），首創以椰殼作為敲擊的樂器，舞者雙手各執半邊的椰殼，互相敲擊，同時隨著敲出的多種節奏變換舞步和隊形，運用當地物產作為表演用具，十分有趣而具有特色。

昌揚舞（Chhayam）是傳統高棉舞蹈，又稱洽亞舞或手鼓舞，舞者揹著鼓、手拿鐃鈸和竹板，表演的節奏非常強烈，產生歡樂振奮的氛圍，舞者還畫上臉譜或戴著面具，並做出誇張而滑稽的動作，讓觀眾感到愉悅和充滿活力。這是一種在生活中即興創作的舞蹈，農民在豐收之後，相聚一起，慶賀豐收與勝利的喜悅，同時也是男女青年表達愛情的場合。

↑泰國傳統舞蹈的面具舞源自於柬埔寨，兩者無論在舞蹈服裝和姿勢方面都極其類似

至於竹竿舞，就和傣族的如出一轍，在兩根竹竿間舞動的人數從一個人增加到四個人，隨著樂曲節奏的加速，竹竿開合的速度也越來越快，觀眾的眼睛都要跟不上竹竿的速度了！在竹竿清脆的碰擊聲響以及開合的瞬間，舞者敏捷地進退跳躍，同時自然的舞動出各種優美的姿勢，可見其技巧的熟練，也考驗與抬竿者之間的絕佳默契。

除此之外，民間舞還有許多類型，包括利用木杵和石臼撞擊，融合歌唱與舞蹈，表現民間舂米勞動生活的木杵舞；舞者頭上戴著牛角，展現人民狩獵生活的牛角舞；

↑面具舞表演中，除了女性角色外，男舞者演出時都戴著面具

柬埔寨西部拜林地區（Pailin）在服裝上裝飾孔雀長尾的造型，模仿孔雀動作的孔雀舞；以及在新年期間才表演，具有消災解厄、祝福來年意涵的德羅特舞（Trot Dance）等等。從民間舞蹈的表演和內容可以看出，這些帶有濃郁傳統文化色彩的舞蹈多半利用手邊可以取得的道具，例如椰殼；或模仿身旁見到的動物，例如孔雀；並且與生活息息相關，反映地區的傳統生活，例如表現村民豐收的歡樂景象。

欣賞柬埔寨傳統舞蹈，不單是視覺上的享受，也可以順勢了解該國的風俗民情，是一項很好的文化交流工具，相當受到旅客的歡迎，我個人認為，在旅遊柬埔寨時，這是不可或缺的節目之一。

比粒寺觀日落

比粒寺（Pre Rup）屬於大圈的景點之一，位置比較偏遠，在吳哥遺址群的東邊，坐西朝東，是觀賞日落的絕佳去處之一，我計算著時間，從吳哥大王城匆匆趕過去。

它是在十世紀下半葉，羅貞陀羅跋摩二世（Rajendravarman II）統治時期始建。柬埔寨人去世之後多採用火葬的方式，認為人死後如果採用火化的方式，可以從印度教教義中的善惡輪迴中解脫出來，進而變身為神。比粒寺就是用來舉行已逝國王火葬儀式的寺廟，讓皇族火化變身為神之用，所以又有「變身塔」的別稱。另有一說這是國王為自己建造的主廟，但還未建成就已經駕崩，後來才成為皇族舉行火葬的神殿。

我從東門進入，向前望去。比粒寺也是金字塔式的建築，三層平臺上聳立一座代表須彌山的中央殿堂，平臺的四個角落則有四座寶塔環繞，正中央設有石階可由底部通往平臺上層。此處以砂岩和紅磚為建材，是在砂岩的底座上建造磚塔。

↑比粒寺屬於大圈的景點之一，位置比較偏遠
↓比粒寺是金字塔式建築，正中央設有石階可通往上層平臺與寶塔

↓方形石槽，據説是用於屍體火化

↑許多遊客登塔觀日落

階梯前方的地上設置了一個方形石槽，據說是用於屍體火化。火化時人頭朝東，腳朝西，如此一來，火化後的靈魂起身就能直接登上神靈的聖壇。石槽兩邊各有一座藏經閣。東北角有一棟小型的建築具有水池和出水口，被認為是遺體火化後，用來以椰子水清洗骨灰的地方。有的考古專家則抱持不同看法，覺得方形石槽是個底座，上頭原本應有一座神牛雕像，是濕婆神的坐騎南迪。至於兩旁的塔形建築，可能是焚燒屍體的火葬塔。

↑塔上的絕美日落

我順著臺階向上走，打算攀登到最高層的平臺。這兒的階梯與吳哥的其他寺、塔無異，都非常陡峭，有些甚至嚴重損毀，真是一步一驚心。為安全起見，還得跟前後登塔觀日落的遊客保持一定距離。待我爬到最高一層平臺時，已是氣喘吁吁，不過等到氣息平緩下來之後，看到眼前的一切，頓時感到所有的辛苦都是值得的。高處的視野無比開闊，眺望遠方林木蔥蘢，離離蔚蔚，心情頓時快意非常。俯瞰下方，人和物都變得渺小，又不禁平添一種君臨天下的豪邁氣魄。

距離夕陽西下還有點時間，我趁機在高臺上四處走動參觀。平臺的五座寶塔內是神龕，現在已封閉，未能入內。寶塔上頭的雕塑是紅磚外層蓋上灰泥之後再加以雕刻而成，門柱、門楣和窗櫺上仍殘存部分雕刻。不過寶塔內外的牆磚與地面都留下黑色的痕跡，像是被火燒過一樣，不知是建築材料經過歷史變遷的原因，還是長期煙燻火燎所致。

想當年這兒唯有皇室人員能夠出席儀式，平民百姓不得隨意進入，有誰能料到千百年後，這樣的地方卻成為尋常百姓的旅遊景點。歷史的興衰變化無常，最後也只能徒留一聲嘆息。

在這裡要特別提到的是比粒寺的石獅子，體態模樣看起來較中國的石獅更為修長，臀部又圓又翹，以挺拔的姿勢端坐高臺，千百年來堅毅不拔地守護著這座寺廟。每尊石獅的背後，都是取景的最佳位置。我以美國藝術家John McDermott的攝影照片為範本，依樣畫葫蘆，以天為幕、以地為臺，盡己所能地拿起鏡頭，好好記錄下這一刻。

太陽開始緩緩向下挪動，我靜靜觀賞這場大自然的美景盛宴。日落餘暉灑落在紅磚結構的比粒寺，呈現一片赭紅的色彩，顯得溫暖而鮮豔。可惜，但凡美麗的事物都是短暫的，從漫天的彩霞到渾圓的夕陽落入原始森林，彷彿只有一瞬之間。令人讚嘆之餘，不免感到悵惘。

未完成的廟宇

塔高寺（Ta Keo）與比粒寺同樣位於吳哥遺址的東邊區塊，不過距離大吳哥城的勝利門不遠，被劃分在吳哥的小圈旅遊路線中。自二〇一〇年下半年開始，直至二〇一八年，是由中國政府負責保護修復的寺廟之一。

塔高寺名稱真正的涵義應為「祖先的水晶塔」或「琉璃塔」，另外也被叫做「茶膠寺」。它建於公元一千年前後，屬於闍耶跋摩五世統治的時期，然而，它卻是一座未曾完工的廟宇。關於它為何未能完成的原因有諸多揣測，有專家認為當國王闍耶跋摩五世去世後，後人忙於爭權奪位，寺廟的工程因而延宕；亦有傳說在寺廟修建期間，塔頂曾遭雷擊，高棉人視作不祥之兆，因此停工；還有一種說法是由於選錯了建材，導致工程無法繼續，不得已放棄了寺廟。至今考古界對於停工的原因仍然沒有定論，但是如此一座缺乏雕飾的建築雛型，卻反而在簡樸中展現出一種原始粗獷和豪邁的力與美，和其他寺廟充滿複雜線條的精細雕琢完全兩樣，更顯出它的獨特。

↑未完工的廟宇塔高寺是典型的金字塔式廟山建築，五層平臺上方是寶塔

與其他吳哥的寺廟沒有不同，塔高寺也面朝東方，門前有條筆直的參道，大約五百米長。寺廟的周遭原本應該設有護城河圍繞，不過現在殘留無幾，平時尋不到任何蹤影，唯有雨季來臨時，才會出現水潭。

寺廟入口處盤踞了幾棵樹木，穿越至門內，五座高聳的寶塔頓時映入眼簾。

塔高寺的整體建築是典型的金字塔式廟山建築，方形的平臺共有五層，第一、二層包括外牆及迴廊，第三層到第五層則是中央的塔廟和最高處的寶塔。

我見建築高聳、階梯陡峭，又沒有扶手設施，要攀爬上去，並非易事，恐怕得花費一番功夫。幸好有導遊從旁協助，我勉強登上頂端平臺。五座高塔依梅花式排列，中央塔高約五十米，位於四個角落的寶塔較低矮，像眾星拱月般圍繞，是須彌山的象徵。我見四周無人，涼風習習，倒是一處乘涼休閒的好地方。

導遊特別介紹，塔高寺是吳哥遺跡中第一座完全使用砂岩修建而成的寺廟。從缺乏雕飾的高塔外型可以了解到吳哥寺廟的建築工序，首先將石材切割好，接著如堆砌積木般一塊塊疊好，待成形之後才開始進行雕刻修飾。對於考古學家們研究吳哥建築工法具有非常大的幫助。

塔高寺如同一塊未經雕琢的璞玉，擁有它獨特的含蓄內斂，與其說是一座半成品，倒不如說是一件低調的藝術品。在漫漫歷史長河中，當後人們窺探那段失落的時期，試圖揭開塵封的建築奧祕，它的存在正是提供考古學家研究的絕佳印證。

↑穿過入口處盤踞的幾棵樹木，塔高寺高聳的寶塔映入眼簾

塔布隆寺裡的樹妖

與塔高寺相距不遠，同樣屬於小圈景點的另一座寺廟，憑藉著二〇〇一年的電影《盜墓者羅拉》（古墓奇兵）而聲名大噪，那就是塔布隆寺（Ta Prohm，或譯為塔普倫寺）。猶記當年從電影院大螢幕中見到叢林中的巨大樹木居然與寺廟建築緊緊交纏，感到相當震撼，女主角蘿拉與絞殺榕（Strangler fig）搏鬥的場面也帶給我深刻的印象。在還沒有認識關於塔布隆寺的歷史與古文明之前，我就已經對這座廟宇產生了探索的好奇心。

在高棉文中，Ta Prohm的Ta是「爺爺」、「祖先」的意思，Prohm則代表婆羅門，翻譯過來就成了「婆羅門的祖先」之意。塔布隆寺約建於十二世紀末到十三世紀初，是巴戎寺建造者闍耶跋摩七世為母親修建的寺廟，因而又稱為母廟。

母廟在吳哥窟建築群中，規模算是相當龐大，擁有五層圍牆，最外一層約一千米長、六百多米寬。寺中曾經發現一塊以梵文刻成的石碑，經過考古學家的翻譯解碼，才讓後人了解到，原來當年塔布隆寺周邊圍繞著三千一百四十座村莊，寺廟的地位應屬於這個小城鎮的中心。為了維持廟宇的運作，需要七萬九千三百六十五名人力，其中包括十八名大祭司、二千七百四十名官員、二千二百零二名助理和六百一十五名舞者。寺廟的財產中包括一套重達五百多公斤的金碟、三十五顆鑽石、四萬零六百二十顆珍珠、四千五百四十顆寶石……等等。這些數字不僅說明塔布隆寺受到的重視，也證實了吳哥王朝的繁榮盛世。

↑塔布隆寺憑藉電影《盜墓者羅拉》（古墓奇兵）而聲名大噪

↑地雷炸致傷殘的當地人

在導遊的陪同下，我來到塔布隆寺景區的東門。從東門往寺院的途中，是一段泥土路，兩旁林木繁茂，綠意盎然，參天的大樹把幽徑和庭院掩蔽得異常陰涼。

我順著小路往前走，路旁有好幾位在戰亂時被地雷炸致傷殘的當地人，對著來往的旅客吹奏傳統音樂，售賣錄製的光碟。

密林過後是一座長方形的「跳舞大廳」（Hall of Dancer），這種建築布局在吳哥古蹟中是較少見到的。無論是門楣或內部的牆壁上，都雕刻著體態婀娜、舞姿翩翩的阿帕莎拉仙女，考古專家們藉此猜測這乃是祭祀時舉行表演儀式的場所。

前方的石板步道已然頹圮，碎石散亂

在地上，我一步步向前探索，穿越過另一道石門，圍牆大都已經坍塌，間或以鐵架和木柱加以支撐。

寺廟內所見大多數是木棉樹與絞殺榕。在這裡我們親眼見證自然之力的肆虐，巨大的樹根盤繞在圍牆上，古蹟的石塊與樹木的枝幹糾纏不清。我見到樹木的枝幹鑽進地面或牆內，將石板或牆磚掀起，或橫七豎八擋住通行的路。

↑以鐵架支撐建物以免坍塌

↑許多遺跡石塊上都有編號，等待組裝

最大的視覺震撼是一棵木棉樹像蛇一樣盤踞在屋簷上，樹根牢牢地抓住整座廳室，形態十分猙獰。據說當年法國人就因為樹根盤根錯節太過嚴重，決定放棄整修，讓它保持原貌。後來改由印度進行維護，也依舊維持這般狀態，並未移除這些數不清的樹根。

這些參天巨樹究竟是如何植入建築中，與寺廟纏繞共生，化為一體？當年也只不過是一粒種子，藉著鳥類的傳播，不經意間落入石縫中，經過幾百年時間的成長，展現了大自然令人敬畏的生命力。

↑隱蔽在樹根中的仙女像

我認為在塔布隆寺中見到最經典的一幕，就是一尊女神隱蔽在迴廊中一個巨大的樹根裡面，只有部分臉龐露出，感覺相當妖異，讓我不由得想起《西遊記》中的「樹妖」。這尊阿帕莎拉仙女的位置相當隱蔽，如果不是導遊指點，恐怕很容易錯過。另一個旅客熱衷拍攝的地點，是一棵深植在迴廊上的巨大木棉樹，厚實樹根在屋頂上盤根錯節，而絞殺榕寄生纏繞在木棉上，將之緊緊包覆，非常壯觀。

我順著狹長的廊道繼續探祕，穿越庭院迴廊。除了堪稱奇觀的自然景象外，廟內外的殘垣斷壁間，

↑小坑洞從前都鑲嵌著各式珠寶，可惜早已不見蹤影

↑塔布隆寺的牆上有個很像恐龍的雕刻（由下往上數第三個），引起熱議

有許多浮雕也是極為精彩。塔布隆寺供奉的是般若波羅蜜多佛母PrajnaParamita（智慧女神），她的形象據說是按照闍耶跋摩七世的母親雕刻而成。還有牆面留下無數小洞的回音室，這些小坑洞從前都鑲嵌著各式珠寶，可惜早已不見蹤影。此外，若站在室內拍打胸口的位置，便會聽到很大的回音，這也是回音室名稱的由來。

再燦爛的文明，終究抵不過時間的力量。幾百年時光，讓巨樹吞噬了寺廟，把牆體染上了苔綠，或爬滿了藤蔓。塔布隆寺一度被掩沒於原始叢林之中，幸而重新被發掘出來，今日我能夠來此親眼見證它的存在，實乃人生之幸！

塔薩寺與東湄本寺

塔薩寺（Ta Som）建於十二世紀末，也是一座由巴戎寺建造者闍耶跋摩七世興建的佛教寺廟，前面有提過，Ta是指祖先的意思，這座寺廟的建築目的，有一說是供奉國王的父親，另有一種說法是為紀念一位吳哥王朝驍勇善戰的將軍，因而建造此廟。

塔薩寺規模較小，這幾天皆在吳哥大大小小的遺跡間遊覽，因而參觀這座寺廟時，不免感到它的布局、佛像和仙女的雕塑都不算突出。

↑塔薩寺規模較小，在吳哥遺跡中不算突出

寺廟三面都有圍牆包圍，東西兩側皆有入口，東門是主要入口，但參觀路線是從西門進入。東西兩門的塔樓都是典型的四面佛塔式，我穿過塔樓，進入寺廟內，眼前是如同叢林一般的參天大樹，一切都掩映在其中。在這個剎那，「庭院深深深幾許」這個詞浮上了心頭。此處彷彿被世人所遺忘的角落，龐然大物的木棉樹盤根錯節，沉默地霸占寺廟。斷壁殘垣，亂石遍地，石上布滿苔綠，卻為破敗的古寺添上一分蒼翠與神祕。

我在寺廟內四處走走看看，約半小時就足以讓我走遍每個角落，最後由東門離開。導遊說，東門的景觀是整座寺廟內最為畫龍點睛、讓人驚嘆之處。我原本心想，在吳哥，這類的木石共生早已是司空見慣，見怪不怪了。誰知當我一走出塔薩寺東門，眼前的畫面還是令我深受震懾。

↑被巨樹包裹的塔薩寺東門是整座寺廟最讓人驚歎的景象

東湄本寺屬於金字塔式建築，是位於東池中央的廟宇，如今東池已乾涸，
入口處的階梯則是過去的碼頭所在

↑東湄本寺平臺四個角落有栩栩如生的石象

↑嘟嘟車（tuk tuk）在柬埔寨是非常普遍的交通工具，旅客可以租賃嘟嘟車前往景點

幾百年的大樹彷彿將東門塔樓上的佛像一口吞入，只見到粗壯的樹根，原本應與西門塔樓一樣的四面佛像早已不見蹤影，巨樹更把兩側的圍牆壓到傾斜變形。遊客從樹下的「洞門」進出，別有一番趣味！

離開塔薩寺後，我坐在車裡，木石共生的畫面卻始終在腦海中縈繞，即使是再堅固的人為建築，也無法抗拒大自然和時間帶來的可怕力量。

不多時，東湄本寺（East Mebon，或譯為東美蓬寺）出現在眼前。供奉濕婆神的東湄本寺建於西元九五三年，是一個湖中廟宇，位於東池（East Baray）中央。吳哥王朝在西元九到十二世紀間大興水利，分別修建起擔綱水庫功用的東池、西池、北池、皇家浴池等，並興建護城河，建構一套規模宏大的水利系統。其作用除了農田灌溉外，還為

↑東湄本寺門楣上的精美浮雕

城市和寺廟提供飲用水，並有調節水資源等功能，是吳哥王朝對當地的一大貢獻。一般水池的建造方式是挖坑而成，但東、西兩座水池卻是從地面築起土牆圍成的，相當特別。

如今東池已然乾涸，因此我搭乘的車子可以直接開至寺前。東湄本寺同樣是金字塔式建築，與其他許多寺廟一樣，階梯又高又陡峭。平臺共有三層，四個角落放有石製的大象雕塑，造型維妙維肖、栩栩如生，十分精美。砂岩製的寶塔則顯得斑駁。

塔薩寺與東湄本寺內的精美浮雕

皇家浴池和女王宮

在吳哥的兩天以來，我拜訪了多個神廟遺跡，也逐漸加深對於吳哥王朝建築的認識。這些神廟古蹟建築的格局幾乎大同小異：寺前有參道，周遭圍有護城河，四面圍牆的中間設有塔門，內部則有藏經閣、迴廊、中央塔樓等，中央寶塔的建築型態大多採用金字塔式的堆疊，象徵著宗教的宇宙中心須彌山。此外，寺廟內外，包括窗櫺、門楣，多半刻有細膩精美的雕飾，圖騰紋樣包括浪花、火焰、藤蔓等，亦有關於宗教神話故事的浮雕，其中最吸引人注意的，莫過於丰姿綽約、美麗婀娜的飛天仙女阿帕莎拉塑像。不僅如此，還有做為守護神的金翅鳥、蛇神那伽、

↑皇家浴池

↑皇家浴池

獅子和大象等塑像。雖然我並非考古學家，又不懂土木工程，但是在實地參觀各項遺跡中，不知不覺也增長了不少知識。

導遊見我多日以來樂此不疲地進出於多座古蹟，擔心我已厭倦了寺廟的行程，這天他提議一遊「皇家浴池」（Srah Srang），除了見識高棉人另類的智慧外，也藉此改變一下較為單調嚴肅的宗教行程。

波光瀲灩的「浴池」前，有個十字形的平臺。我跟著導遊來到平臺，這兒設有階梯可以往下走到池邊。平臺上的欄杆是蛇神那伽的簡單設計，雖然稱不上多精美，但頗為大氣，不失皇家風範；另有展開雙翼的金翅鳥威風凜凜制伏那伽的雕塑，以及一對雄壯的石獅，共同守護著這座東西長約七百米，

↑女王宮前六十多米長的紅土參道

南北寬三百五十米的「浴池」。雖然它有浴池之稱，但根據記載，實際是一座蓄水的水庫，混合紅土和砂岩建成，堤岸仍留有古時輸水管道的痕跡。據聞祭祀期間，國王和王室成員會在此沐浴休憩，或進行祈福儀式，因而名稱冠上「皇家」這個詞。目前水庫在當地仍屬於重要的供水設施，因此政府已明令嚴禁人們在此洗濯，以保持水源的潔淨，避免遭受汙染。

我自平臺上眺望這座建於十世紀的皇家浴池，碧波浩渺，鏡般的池面倒映著空中緩緩移動的柔雲，池的周圍林木蔥蘢、綠樹成蔭，風光旖旎。據說每天日出日落時，池邊總是聚集著遊人，欣賞漫天霞光和宜人景緻。

↑紅土參道兩邊碧玉般的荷花潭

可惜接下來還有其他景點等待著我，無暇久候日落美景，只好就此揮手道別。

吳哥遺跡的另一個熱點，是班蒂斯蕾（Banteay Srei），不過她有個更廣為人知的名稱，叫做女王宮。她始建於公元九六七年的羅貞陀羅跋摩二世時期，直到一〇〇二年的闍耶跋摩五世（建造塔高寺的國王）時期才完工。特別之處在於她並非由國王所建，而是一位大臣，是所有吳哥寺廟中，唯一非王室建造，且非「神王合一」的廟宇。原先為供奉濕婆神的濕婆宮，卻不知為何會有流傳甚廣的「女王宮」別號？導遊表示過去此處有修行的僧侶，與王室的女性並未扯上任何關係，被稱作女王宮實在有些莫名其妙。

↑門框越往內越顯低矮，甚至低下頭、彎下腰才能進去，
代表面對濕婆神要表現敬畏與謙卑

我後來查詢資料，發現有種說法是廟宇本身的規模和雕刻裝飾都相當精巧，因而得名；也有人說一九一四年女王宮被法國人重新發現時，探險隊在這兒見到不少細緻的女性雕塑，便以為此處是女王的居所。

前往女王宮途中，導遊提前給我做了功課，表示她面積並不大，然而待我來到時，才發現實際的建築比我所想像的還要更小。

↑女王宮規模不大，以紅色砂岩為主建材，色彩有別於其他吳哥遺跡

女王宮前有一條六十多米長的紅土參道，我從參道往宮門的方向望去，左右兩邊各有一池碧玉般的荷花潭，參道的末端就是小巧的女王宮，彷彿一個蟄居密林深處的隱士。有別於其他吳哥古蹟的建材，她以紅色砂岩為主，色彩格外豔麗，與她的名字互相呼應。

女王宮最著名的，莫過於精緻非凡的浮雕，內容繁複得令人忍不住讚嘆她的每一分細節。旅客「打咭」（粵語，打卡的意思）的重點，莫過於塔門的山形牆了。視線所及，門楣、門柱

↑女王宮以精緻非凡的浮雕著稱

和牆壁等，都雕滿極為細緻的神、人、獸或各種花紋，精采絕倫，美不勝收。女王宮的前方設置了展館，在「進宮」之前，我先入內參觀，從圖片和文字的介紹中，對於這個古蹟有了初步的認識。現在看到實品，印象就更為深刻了。即使身為門外漢的我，也都能從中品味出它的美麗，讚嘆雕刻者高超的工藝技術。也難怪女王宮又被稱為是「吳哥古蹟明珠」和「吳哥藝術之鑽」。

內面的每重圍牆上，各刻著不同的宗教神話故事，一邊觀看牆上的浮雕，一邊聆聽導遊對於情節的解說，如同觀賞一幅有聲有色的連環畫，饒富趣味。

女王宮的門框越往內越顯低矮，有時甚至需要低下頭、彎下腰才能進去。代表著面對濕婆神，需要表現對祂的敬畏與謙卑。

宮中的代表作，莫過於幾尊柔美優雅與婀娜嫵媚兼具的蒂娃妲（Devata）女神，被譽為「東方的蒙娜麗莎」。旅客個個手拿相機，在女神之前排成一條長龍。我苦苦等候了十多分鐘，才終於順利將美麗的身影留在我的鏡頭裡。

↑蒂娃妲女神

天空之城

告別小巧玲瓏的女王宮，來到的是吳哥最具神祕氣息的崩密列（Beng Mealea，或譯為班梅雷雅廟）。聽說日本知名的動漫電影《天空之城》就是導演宮崎駿根據崩密列的原型創作出來，使得這兒也受到不少人的關注。

崩密列位在吳哥遺跡群以東約四十公里處，是離大吳哥王城最遠的一個遺跡。和女王宮一樣，同屬於外圈旅遊路線的景點。

坊間多認為崩密列是吳哥遺跡群中最值得去的地方，但也同時是最難以前往的。當我來到景區，不禁驚異於面前傾頹殘破的「廢墟」景觀，看似完全陷於濃密樹林與亂石堆的荒野中，給我的第一印象，就是碎石凌亂、牆垣坍塌，彷彿無路可走。儘管我這一連幾天見到多不勝數的斷壁頹垣，早已司空見慣，但如崩密列這般破敗的嚴重程度，還是讓我感受到其中的震撼，還有一種帶著不完美的美麗。

在遺址前，導遊特別提及，這片區域過去曾做為紅色高棉的根據地，為了準備與政府軍決一死戰，這裡布滿了地雷。後來政府花了十多年時間進行掃雷，直到二〇〇七年才將最後一顆

↑崩塌的南門

↑保存完整的五頭蛇神雕像

地雷掃除。但村民曾表示，崩密列周圍的叢林中仍有少數「漏網之魚」的地雷，偶爾發生誤觸炸傷的事件，因此為了安全起見，盡量別往偏僻的地方走。

崩密列的建材使用的是淡褐色的砂岩，再堅固的石材，也抵抗不了天災人禍與時間的折磨，它先遭受占婆王國入侵的大肆破壞，其後又經歷地震等災害，最終掩沒在叢林間，無法逃開變為廢墟的命運。

這兒雖曾經過德國等專家多年的努力，但就我看來，修葺過的痕跡並不明顯，彷彿這就是吳哥遺跡最初被發現時的原本模樣，建築和樹木幾乎融為一體，舉目環顧，盡是荒蕪凋零的景象，一處被遺棄的高棉文明。

崩密列的規模只比吳哥窟略小，布局和建築風格十分雷同。它是座印度教的寺廟，但其中一些元素卻帶有佛教色彩。可惜因為所處位置實在太過偏僻，加上欠缺對文物的保護意識，許多浮雕和雕像早被掠劫一空。

我從南門進入，參道已遭破壞，不過中間有尊五頭蛇神雕像保存相當完整，據說是整個遺跡中碩果僅存的。雕像的刻工精巧，連細密的牙齒都清晰可見。導遊說，崩密列建造完成不久，這尊蛇神雕像便倒塌而埋沒在泥土中，卻也因此得以完好保存下來，印證了禍福相倚，世事難料。

再向前走，一堆堆坍塌的石塊、石板成為名副其實的攔路石。已很難見到任何完整的牆壁或建築，更遑論代表須彌山的中央建築群。一株株高大的木棉樹幹破開了堅實的牆壁，粗壯的老根掀起鋪於地面的石板，盤根錯節，怵目驚心。原始叢林的力量到底能有多大？在此盡顯無遺，親自來這兒走一遭，再不會有所懷疑。外表看上去尚算完好的藏經閣，應該是目前崩密列內部保存最佳的狀態了，卻也青苔蔓生，滿是歷史蒼涼的痕跡。

猶記得前天我前往塔布隆寺時，驚嘆於它的殘破。沒想到與崩密列相比，根本是小巫見大巫。此處的迴廊、拱頂早已蕩然無存，殘破得更加徹底。關於崩密列的歷史記載已然佚失，後世的人們僅能從建築特色和風格加以推測，它大約是十二世紀時的產物，建造吳哥窟的蘇耶跋摩二世時期。

外表看上去尚算完好的藏經閣

↑迴廊、拱頂早已蕩然無存，殘破得更加徹底

↑作者在「天空之城」與當地人合影

在高棉語中，崩密列是「荷花池」的意思，字裡行間可以想像當初建造者的美好心願。可惜如今並非雨季，寺廟內找不到池塘的蹤影，更不用說荷花了，眼前所見，只有茂密而任意肆虐的林木。

考古學家為了更妥善維護古蹟，避免進一步坍塌，便使用鐵架加以支撐。此外，內部也修築了木棧道，方便遊客順著方向漫步瀏覽遺址。我沿著木棧道前行，滿目瘡痍彷彿沒有盡頭。我繞過遮天聳立的巨樹，攀爬一層層高低起伏的階梯，自高處往下看，卻難以從崩裂的亂石間辨認寺廟應有的輪廓。

由於遺址包圍在熱帶叢林中，既悶熱又潮濕，這樣的環境待久了，實在是酷熱難耐，我從「天空之城」離開時，竟有種「逃出生天」的感覺。

↑內部修築了木棧道方便遊客順著方向漫步瀏覽遺址

迷宮般的寺廟

大吳哥城的東北方，有兩座散落在叢林間的寺廟，一是聖劍寺（Preah Khan），另一座是龍蟠寺（Neak Pean），兩者皆由闍耶跋摩七世所建造。先前我去過國王為獻給母親而建的「母廟」塔布隆寺，今日來到的這座聖劍寺，則是獻給父親，所以有「父廟」之稱。不愧是受到高棉人民敬重，以孝道著稱的君主。

「父廟」自一一八四年開始動工，直到一一九一年完成。寺廟整體占地面積廣闊，規模布局宏大。據稱在建造大吳哥王城時，它成為闍耶跋摩七世的行宮，且本身的功能不僅是一座寺廟，同時也是提供逾千僧侶研習佛經的學院。

為何此寺叫「聖劍寺」呢？原來它是闍耶跋摩七世揮軍擊潰占婆士兵的入侵，凱旋歸來後建造，古名為「Nagara Jayasri」，意即「勝利的幸運之城」。國王還特意以他父親的形象做為寺廟主殿神像的雕塑藍本，並且建廟存放「聖劍」，紀念他的功績，在吳哥王朝，聖劍是皇權的象徵。導遊表示，寺廟內有座兩層的建築，位於東塔門側，據信就是存放聖劍之所。我懷著對於聖劍的好奇心，踏上景區充滿林蔭的沙土路。

我來到的這天，寺廟並不像其他熱門景點那般擁有絡繹不絕的人潮，前來遊寺的中外旅客並不多，估計不超過二十人，我卻因此得了便宜，可以從容悠閒地遊覽和拍照。

進入景區後，遠處的寺廟被茂密的樹林所遮掩。引道兩旁設置了界石，這些方形的柱石上面刻有蓮花花苞，柱基雕有神獸。叢林間不時傳來樂器的演奏聲，卻始終未見到演奏者，有點陰森詭祕的氛圍。

↑引道兩旁設置了界石

參道的盡頭是護城河，河道上依然流淌著清澈的河水，為炎熱的天氣添上一分涼意。護城河上砂岩石橋的設計基本上跟大吳哥王城一模一樣，橋上都有蛇形欄杆，只是規模稍遜於吳哥城，同樣是「乳海翻騰」的故事，欄杆兩邊各有二十三尊善、惡神像，可惜遭到嚴重破壞，絕大多數塑像的頭部都已遺失，殘破不堪。最前方塔門兩側，各有一尊巨型的金翅鳥，昂首挺胸，神氣十足。這般的造型，導遊解釋是印度教和佛教合一的藝術表現。

↑聖劍寺塔門造型較簡單，兩邊各有善惡神像，可惜遭嚴重破壞，多數塑像頭部已遺失

↑橋上有蛇形欄杆，塑像的頭部多已遺失

寺廟坐西朝東，東、南、西、北四個方位都設有入口塔門。景區以西塔門為主要的出入口，塔門造型比較簡單，並沒有見到四面佛像。我先行進入遊客中心，稍加研究寺廟的平面圖和復原工程解說，接著按圖索驥，展開聖劍寺的探訪。

聖劍寺東到西塔門之間有一條中軸長廊貫穿整座寺廟，東西廊道則和南北廊道交錯，構成十字形，中央的交會處為主塔廟，主塔廟外又有兩重迴廊和圍牆，四通八達且機關重重，猶如迷宮，一不小心便很容易迷失方向。

經過導遊建議，我的參觀路線是進入西塔門後，沿著中軸的長廊道朝東塔

↑跳舞大廳門楣浮雕，上方的佛像在滅佛運動中被毀掉

門走去，再折返由東到西參觀。塔門進入後不久，是一片石板平臺，平臺上的大門前有對巨型雕像，它們的首級都已不見蹤影，無法辨別是何方神聖，但從外形判斷，八九不離十，是守護門神達拉帕拉（Dvarapala）。最引人入勝的是跳舞大廳門楣浮雕，一行十三尊翩翩起舞的阿帕莎拉仙女，體態曼妙唯美。仙女上方卻留下幾個鑿開的坑洞，估計原本曾有精雕細琢的佛像，可惜因為闍耶跋摩七世之後的國王信奉印度教，出現一連串的毀佛行動，導致佛像遭到剷除。

寺廟牆壁多已崩塌，拱形的石板頂也殘缺不全，一堆堆石塊石板散亂在地上。我順著導遊的指示，在左右兩邊的石壁上，各發現一個女神的浮雕，據說這是紀念闍耶跋摩七世兩位心愛的妻子，是一對姊妹花。

↑聖劍寺一隅

↑木棉樹與牆壁緊密糾纏，龐然樹根如一個巨人邁開雙腿騎在圍牆上

東塔門側有個兩層樓建築，風格明顯與一般吳哥遺跡的設計不同，盛傳闍耶跋摩七世打了勝仗後，把象徵王權的「聖劍」保存於此樓內，然而今天已是「劍」去樓空。這座藏劍樓的柱子有圓亦有方，一樓用的是圓柱，二樓則是方柱。原本樓頂為木造結構，早已腐朽，消失於時間的長河，僅留下樓頂兩端的山形牆，刻有優美浮雕。這種建築的形式，在吳哥可是獨一無二的。

↑原本供俸國王父親的雕像，如今被佛塔取代

至於寺廟內最讓人震撼的一幕，出現在東塔門一堵傾頹的圍牆。一棵木棉樹與牆壁緊密糾纏，龐然樹根如一個巨人邁開雙腿騎在圍牆上。附近的建築處境更糟，已完全遭到木棉樹吞噬，門窗外框被壓得東歪西倒。

儘管昔日的輝煌早已泯沒於歷史的洪流，塔門前的兩尊石獅卻始終如一，沉默地堅守著崗位，令我油然而生孤獨蒼涼的感覺。

我繼續鑽進縱橫交錯的廊道裡面，透過層層門框望過去，遠處僅有亮光，看不到廊道的盡頭。間或遭遇信徒們在殘缺的林伽和濕婆神像前唸唸有詞，祈禱膜拜。林伽源自於生殖崇拜，在印度教中是濕婆神的象徵。中央主塔廟四面牆壁有數不盡的小洞，導遊表示這些小洞也曾裝飾鑲嵌了寶石和黃金。當然，如今這些珍寶早已被劫掠而去，無影無蹤了。

「迷宮」之行終於結束，我離開殘磚破壁青苔蔓生、浮雕塑像結滿蜘蛛網的聖劍寺，無論它曾經有多麼宏偉，終究還是敵不過「滾滾長江東逝水，浪花淘盡英雄……古今多少事，都付笑談中」。

↑巨樹壓斷了石塊，自然的力量不可小覷

從聖池龍蟠寺到洞里薩湖的水上人家

停留吳哥的最後半天時間，我還有兩處地方要去。其一就是「聖池」中的龍蟠寺。

龍蟠寺距離聖劍寺不過幾公里，然而必須穿越叢林中的鄉間泥土小路，儘管路程不遠，但在酷熱的熱帶叢林中行走，導遊擔心我吃不消，於是建議我轉乘嘟嘟車前往。車程不過二十多分鐘，就到達豎有路標的「聖池」入口，我在此棄車徒步，沿着一條建在長堤上的木棧道往前走，步行約二十多分鐘，已見到遠處的龍蟠寺了。

說起這條長堤，在攝影愛好者眼中，是

↑龍蟠寺入口前的長堤兩側是窪地沼澤，在攝影愛好者眼中是絕佳的拍攝地點

絕佳的拍攝地點。我遊目四顧，長堤兩側是窪地沼澤，由於此時旱季剛來臨，沼澤仍未乾涸，依然留有清澈見底的池水，水深大約及膝。不少的枯木浮萍漂浮在水上，還有牛隻悠游其中，水面倒映著藍天與白雲，恬靜而蒼茫的沼澤如遺世獨立，意境深遠，令人著迷。

木棧道的盡頭就是龍蟠寺的所在地，建於十二世紀末，同是闍耶跋摩七世的作品。這座佛教寺廟規模很小，卻相當與眾不同。寺廟由五座水池組成，在中央水池的東、西、南、北四面各有一座小水池，主廟建在中央水池內的一個圓島上，形似一座廟塔，共有七層，下方有兩條蛇圍繞。龍蟠寺的高棉語Neak Pean意思是「盤踞的兩條大蛇」，

↑「聖池」中的龍蟠寺主廟

古時蛇又被認作「龍」，所以才有蟠龍之稱，因為音譯的關係，又有涅槃寺的別稱。

廟的一側有尊由砂岩雕成的飛馬，然而經過無數的戰亂，飛馬已遭破壞，眼前的塑像是近年拼湊修復的。傳說佛祖曾經化身飛馬拯救一群遭遇海難的人，飛馬的造型就根據此神話而塑造。

周達觀筆下關於龍蟠寺的描述，提到：「北池在城北五里，中有金方塔一座，石屋數十間，金獅子、金佛、銅象、銅牛、銅馬之屬皆有之。」金方塔就是中央的主廟，說明過去這寺廟也曾有過金碧輝煌的外觀。七層廟塔每面皆有浮雕，內容為佛祖悉達多落髮剃度、釋迦牟尼在樹下冥思、佛祖騎馬出家等宗教故事。目前水池周圍架起鐵圍欄，因而只能遠距離觀賞。若沒有導遊的指點，恐怕很難逐一識別其中奧妙。廟塔中間有一個洞口，裡面仍然供奉着佛祖，但已非周達觀所述的金佛像了。

據考古學家研究，這裡算是高棉王國的醫院。中央水池象徵神話中能夠治癒疾病的聖湖——阿那婆達多（Anavatapa），來這間寺廟醫院的病人，會得到佛祖的庇護和祝福。水池中種植具有醫療效用的藥草和水藻，藥水藉由出水口從中央水池流入東西南北四個小水池，小水池各有不同療效，醫生因應病人不同的病況，讓他們喝下由不同出水口流下的藥水，或讓病人進行水療泡浴。四個出水口還雕成不同的形象，包括象、馬、獅、人頭，象徵水、風、火、地四

↑洞里薩湖岸邊高蹺（高腳）棚屋

象。至於水池周圍舊時石屋的遺跡，聽說是提供病人療養，以及皇室進行宗教儀式的神聖場所。

為了趕在夕陽西下前遊洞里薩湖，我迅速告別「龍蟠醫院」，趕赴洞里薩湖碼頭，登上遊艇，探訪水上人家。

洞里薩湖長達五百多公里、寬一百一十公里，又稱金邊湖，在高棉語，是「大湖」的意思，而它正是東南亞最大的淡水湖。湖泊的位置在柬埔寨中西部，與湄公河相連接，是世世代代孕育高棉人，與這個國家息息相關的生命之湖。

早在來到暹粒的第一天，我已乘搭過直升機，不僅盤旋於天際間，還趁機繞湖一周，俯瞰湖上風光，當時只見湖岸的房屋數量眾多，密密麻麻。此刻我搭乘船隻，以更貼近的方式來認識這座湖泊。

水上浮村成為一處景點，船隻載著旅客穿梭在船屋間的水道

近距離一看，我發現這裡的房屋大部分為搭建在湖岸的高蹺（高腳）棚屋，使用的建材非常多元，包括廢棄的鐵皮、紙板、帆布等，或用棕櫚葉鋪蓋在屋頂上，有些房屋甚至連門都沒有，屋況相當簡陋。這些居住在水上高蹺屋的民眾家境清貧，大多靠捕魚為生。洞里薩湖漁產豐富，成為他們生活的重要來源和依靠。

當我的遊船繼續向湖中駛去，又看到另一種漂浮人家。居民住的是簡陋破爛的船屋或浮樓，聚集在一起組成了水上浮村，狹長的柳葉舟或木桶就是村民主要往來的交通工具。不單村民們吃喝拉撒都在水上，孩童們嬉戲的場地也受到了局限。導遊表示，居住在浮村的水上人家並非柬埔寨人，而是越柬戰爭結束後留下來的越南人。這些人由於留在柬埔寨，早已被越南政府遺棄，最不幸的是，他們也未被柬埔寨政府接受，不准上岸居住，成為一群無身分國籍的「黑戶」，棲身在湖上，有家歸不得，見不到未來的展望，只能隨波逐流渡過餘生，實在是相當無奈。

柬埔寨目前仍屬於世界上最不發達的國家（亦稱為最低度開發國家、未開發國家）之一，而飄浮在洞里薩湖的水上人家又受到國家的遺棄，成為貧窮之最。

↑商店等商業活動也都在船上進行
↓水上人家以漁業為生，居民正整理漁網

如今遊湖拜訪水上浮村已成為旅客們遊暹粒的另一處景點，船隻載著一批批的旅客穿梭在船屋與船屋間的水道。我坐在船上，迎面飄來一股股不好聞的氣味，轉頭一看，岸邊堆著垃圾廢棄物，環境衛生非常糟糕。一想到這個旅遊的熱門景點，竟是參觀村民貧苦的生活，心裡就感到一陣難受。

衷心期盼柬埔寨、越南兩國政府能夠共同伸出援手，解決這道難題，讓他們結束顛沛流離、無根無國的飄浮日子，不再處於水火之中。但願不久的將來，這些水上人家漾著天真無邪笑容的孩童也能生活在陽光下，立足於平坦堅穩的土地上。

一個多小時的遊湖，讓我見到充滿淒涼無奈的人生百態，心情沉重萬分。

第二天清晨，前往機場前，我專程來到暹粒市區最大的市場，市場內外售賣各種生活必需品、肉類、蔬果等食物等，甚至還有黃金金飾的專賣店。來往採購的居民百姓模樣悠閒，相較前一日在水上浮村所見到的貧民，有著天淵之別，更教人不禁慨嘆命運大不同。

暹粒市區最大市場內除了售賣各種生活必需品，甚至還有黃金飾品專賣店

金邊——柬埔寨的人間煙火

結束吳哥古蹟的訪遊行程後，我回過頭來拜訪金邊（Phnom Penh）這座充滿異國風情的首都城市。Phnom Penh的「Phnom」字是山的意思，傳說從前有位叫Penh的老婦人，在河邊時偶然發現了幾尊佛像，於是將佛像遷移到山上，並供奉起來。此區逐漸發展起來，成為了金邊的前身，因此Phnom Penh的意思即為「Penh老婦人的山」。

我與金邊的初次見面，是在即將降落的飛機上。從高空俯瞰，大片的綠地，交錯的河道，好一派清新的田園風光！

金邊坐落在湄公河（Mekong River）與洞里薩河交匯處的三角洲地帶，是柬埔寨的首都，也是最大的城市。自十五世紀中，吳哥王朝的首都吳哥被暹羅攻陷，國王便將首都遷移至金邊，再加上這裡位於三河交界，海上的貿易使得城市愈加繁榮。

若說在暹粒感受到的是滿天神佛，那金邊展現出來的就是柬埔寨的人間煙火。然而，吳哥窟與「千年微笑」名聲太過響亮，使金邊黯然失色。多數來到柬埔寨的旅客主要目的地為吳哥，只將金邊當作中轉站，頂多順便停留半天在城內購物觀光便罷。儘管金邊招徠遊客的能力

↓塔山寺是傳說Penh老婦人將佛像移到山上供奉的地方

↑金邊坐落在湄公河與洞里薩河交匯處，是柬埔寨的首都

不及吳哥，但還是有幾個引人注目的地方，不容錯過。

我首先參觀的是金邊皇宮（Royal Palace），建築始建造於一八六六年。金邊的東方在湄公河、洞里薩河與巴沙河交匯之處被稱為「四臂灣」，皇宮的位置正好面對四臂灣，所以又稱為四臂灣大皇宮。

皇宮的正門稱為勝利門，只有在歡迎重要國賓，或重大的節日慶典來臨時才會打開，一般旅客都是從側門進出，我也不例外。根據規定，參觀皇宮不可露出胳膊或腿部，遊客們若未穿著端莊的衣服，就需要在入口處添上圍巾，方可進入，以示對於皇宮的尊重。

↑金邊皇宮的正殿：加冕宮

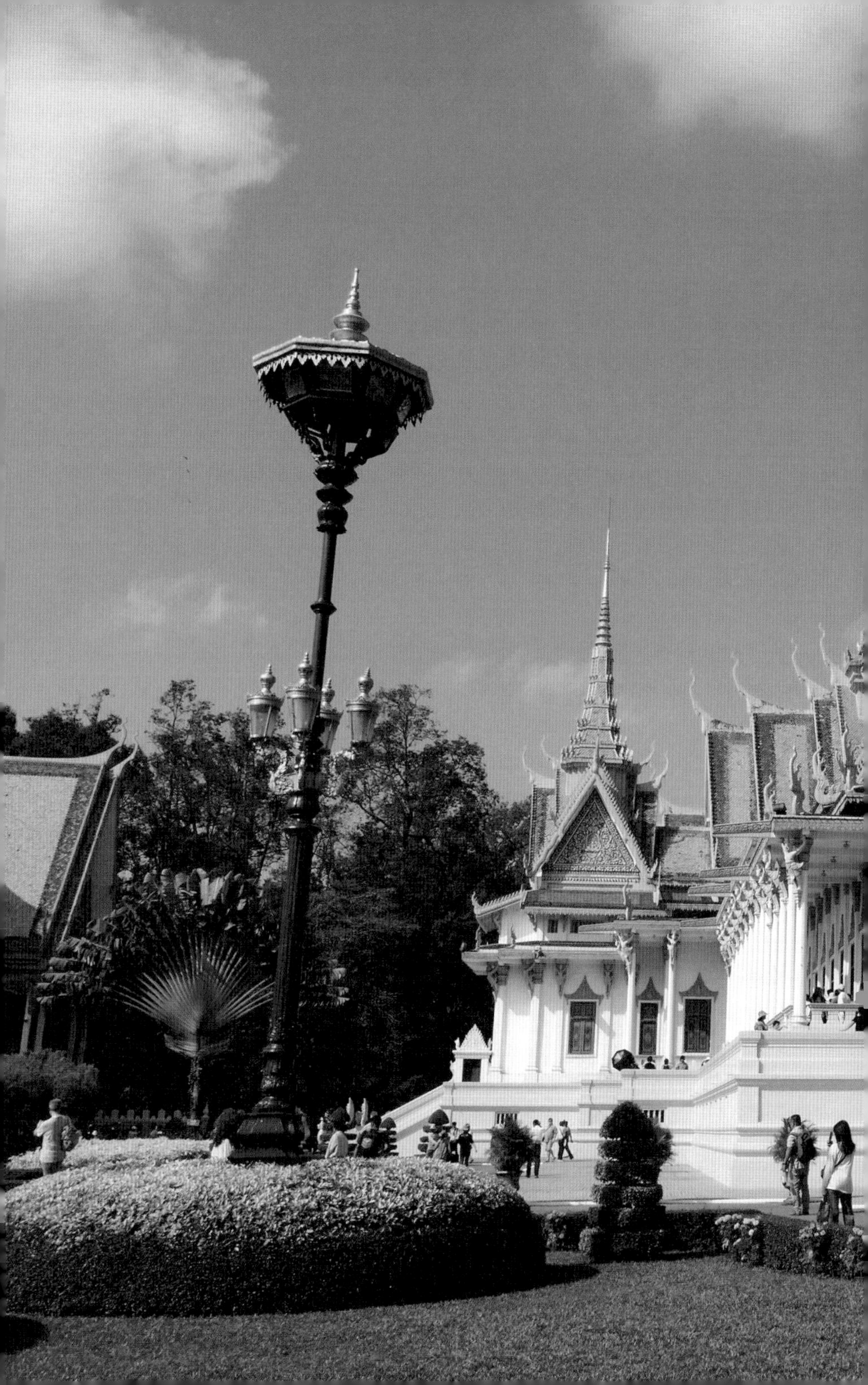

↑皇宮內有吳哥窟的模型

↑皇宮內的皇室用品

整個王宮規模龐大，外有圍牆，內部兩個重要區塊亦有圍牆分隔。目前北面是王室居住和辦公的地方，並未對外開放，唯有南邊的區域供旅客參觀。

我甫入皇宮，先行經一片綠意盎然的御花園，悉心修剪過的大樹正好為旅客們遮蔭消暑。花園之後，迎面是宏偉氣派的正殿——加冕宮，此乃國王舉行即位儀式、接見外國使節的場所，相當於北京故宮的金鑾大殿。高棉建築風格的宮殿牆體為白色，鎏金尖頂，屋頂中央最高的尖塔飾有白色的四面佛頭，屋脊兩端翹高的屋簷彷彿冉冉升起的火焰。白色柱子與屋簷相接處，各有一個飛天仙女托著屋頂，造型別緻優美。這日正好天氣晴朗、陽光耀眼，牆身更加雪白，屋頂更顯得華麗而氣勢逼人。

正殿前的臺階兩側是七頭蛇神那伽，殿內禁止參觀及拍照，我只能在門口窺看，宮內高聳寬敞，大殿中央位置設有純金打造的國王加冕寶座，據說每任柬埔寨國王一生只能坐一次，也就是在加冕之日。不過諾羅敦國王是個例外，他兩度登上寶座，這是

由於七〇年代他曾被親信朗諾將軍推翻，流亡海外幾十年，一九九三年才又重新登基。加冕寶座後方是國王日常接見外國使節的寶座，只是我參觀的這一天旅客眾多，讓我無法多加逗留觀看細節，只能匆匆掠過。

另有一座法式建築，是法國拿破崙三世贈送給諾羅敦國王的禮物，置身在柬式的建築群中，特別顯眼。

南面的銀殿（Silver Pagoda，或稱銀塔）有更多看點，它建造於一八九二至一九〇二年間，一九六二年又再重建。據導遊介紹，這個高棉風格，外型如寺廟般的建築乃是皇室家廟。特點是用五千片銀瓦覆頂，每片銀瓦重一公斤。銀殿的地板也全部以純銀磚一塊塊鋪成，共有五千三百二十九塊，總重量有五噸之多。地板大部分鋪上了地毯，

↓銀殿前方紀念亭內有諾羅敦國王策馬的立像

僅露出四個角落。我踏上去，感到一股陰涼從腳底板升上來，直透全身。

殿中有座佛像十分引人注目，佛像總重九十公斤，以十八K金打造，身上還鑲嵌九千五百八十四顆鑽石，其中最大的一顆重達二十五克拉。據說這尊佛像的臉是用柬埔寨前國王西索瓦（Sisowath）的面容作藍本塑造的，特別讓柬埔寨人尊崇。此外，還有一尊用整塊翡翠雕成的玉佛像，玉質翠綠通透，世上罕有，價值連城。除這些標誌性的佛像之外，寺內還有多不勝數的佛像和文物，供旅客參觀。

銀殿外的迴廊也不簡單，由近四十位藝術家共同繪製的壁畫，內容描述經典印度史詩《羅摩衍那》的故事，場景人物栩栩如生。可惜的是，在紅色高棉統治期間，有部分遭到了破壞，已然無法修復。

銀殿前方有座紀念亭，亭內是諾羅敦國王策馬的立像。銀殿外圍還有好幾座骨灰塔，存放的是過去皇室成員的骨灰。其中比較簇新的一座骨灰塔，便屬於領導柬埔寨獨立的諾羅敦國王。

金邊皇宮迄今依然是皇室居住的場所，鮮黃色的圍牆內金碧輝煌，牆外的建築多為政府行政部門，中間廣場則是普通百姓和遊客的休閒場所，無論是叫賣的小販、玩耍嬉戲的孩童，抑或拍翅覓食的鴿群、拍照的遊人，都顯得歲月靜好、一派祥和。

柬埔寨的象徵

　　獨立，對任何一個國家和人民來說都有著重大而無可取代的意義。

　　近一百六十年來，柬埔寨的歷史寫滿了戰爭、內戰或革命，也讓號稱「亞洲之珠」的首都城市金邊一再蒙塵。一八六三年，她淪為法國殖民地，其後在一九四二年又為日本所占領。一九四五年日本投降後，法國殖民者捲土重來。柬埔寨人為了爭取獨立和解放，長期不懈的努力抗爭，從未放棄。而後在諾羅敦・西哈努克親王的領導下，柬埔寨在一九五三年十一月九日終於迎來完全的獨立，脫離法國殖民統治。

↑獨立紀念碑

為紀念此一歷史性時刻，金邊市內在一九五八年豎立起一座高大雄偉的獨立紀念碑。每逢國家的獨立紀念日，碑前廣場就會舉行隆重的慶典，紀念這個飽經苦難磨練的國家民族得來不

↑柬埔寨國父（諾羅敦・西哈努克）紀念碑亭

易的獨立。每逢節日，亦有不少民眾到碑前獻上花環，緬懷為解放事業而犧牲的烈士。

紀念碑坐落在諾羅敦大道（Norodom Boulevard）和西哈努克大道（Sihanouk Boulevard）的交匯處，出自於柬埔寨著名設計師之手。碑底座寬三十六米，高三十七米，七層蓮花形狀的塔樓，上面雕有百條七頭蛇神那伽。七頭蛇神被視為柬埔寨國家起源的神聖象徵，也是王國的保護神。遠眺紀念碑，總覺得外型十分熟悉，後來才知道它的確是以吳哥窟的中央塔和其他吳哥建築為藍本而建。紀念碑旁一枝巨大的柬埔寨國旗迎風飄揚，高棉人民百折不撓的精神表露無遺。我分別在白天和晚上都到過廣場，景色迥然不同，晚上燈光璀璨，讓紀念碑展現另一種不同的美麗。

廣場附近的沃波頓紀念公園（Wat Botum），在翠綠的草地上是一座柬越友誼紀念碑（Cambodia-Vietnam Friendship Monument），是越南式的建築風格，豎立於七〇年代晚期，紀念碑上刻有柬埔寨和越南兩國國旗，以及兩國軍隊肩並肩，持槍保衛婦孺的雕像，寓意柬越兩國人民的友好情誼。原來在一九七五年五月到一九八九年十二月這段期間，越南扶植了柬埔寨人民共和國，統治柬埔寨達十四年之久。雖然是傀儡政權，但柬埔寨人民認為，正是越南軍隊打倒了紅色高棉，拯救他們脫離泯滅人性的高壓統治、暗無天日的生活，因此人民打從心裡感激越南，為了表達這份無盡的感激，於是立碑紀念。

廣場東側還有一座比較簇新的紀念碑亭，紀念柬埔寨人民尊敬的國父諾羅敦・西哈努克的豐功偉績，亭內設有一座諾羅敦國王的銅像，面向東方，容貌既親切又莊嚴。國王深受柬埔寨人民愛戴，不僅被尊為國父和民族英雄，同時也是中國人的老朋友，他曾在中國待過一段頗長的時間，二〇一二年也是在北京病逝。

每當華燈初上，公園區就成為市民與遊客乘涼漫步的好去處。廣場周圍築起一幢幢漂亮的別墅，還有熱鬧滾滾的夜市，一掃國家苦難的陰霾，感受到蓬勃的生命力。

當我與同事第二度到訪金邊時，選擇搭乘渡輪觀賞斜陽落日的景色。渡輪的航線是來回繞行洞里薩河，這條河流與金邊市民的生活息息相關，是市民的飲用水來源之一，且擁有豐富的漁產，到處見到民眾撒網捕魚，不過水的顏色讓我有點在意，經打聽後，才知道這條河的河床是紅砂地質，才會出現鐵鏽的顏色，並非汙染所致。不過近年柬埔寨經濟開始發展，許多加工廠逐一建蓋起來，河岸兩邊也建起高樓大廈，河水開始出現汙染現象，衛生狀況讓人擔心。不過政府已然注意到此一狀況，對於水質進行監看與改善，讓洞里薩河能夠一如既往，持續孕育一代又一代的高棉人。

↑洞里薩河岸一隅，柬埔寨的獅子造型較為修長，臀部圓翹

紅色高棉的罪證

對於柬埔寨人民而言，那段三年八個月又二十天的悲慘歲月，不知道得要花多久時間，才能夠弭平傷痛。東西方的歷史學家皆認為，當年柬埔寨所發生的事件，已遠遠超出了人類的行為底線。直至今日，研究人類野蠻行為及人類大屠殺的專家都難以理解這段歷史，因為所發生的一切超乎正常的人類思維。

波爾布特（Pol Pot）領導的柬埔寨共產黨（Khmer Ronge），又稱「紅色高棉」或「赤柬」。一九七五年四月，赤柬占領金邊，推翻了朗諾政府領導的高棉共和

↑小墓園的14個白色石棺是紀念越南軍隊攻入金邊，來到S21監獄時發現的14位最後的罹難者

國，並建立「民主柬埔寨」。直到一九七九年一月七日，越南人民軍解放金邊，扶植起柬埔寨人民共和國，才終止了赤柬的政權。

在這個極左派主義政權執政的三年零八個月時間內，將所有城市居民驅趕至鄉村，城市遭到暴力清空，規模性宗教信仰被廢止，私人財產、貨幣以及市場被消除，不僅強制實行農業集體化，更恐怖的是展開全國性的大屠殺，無論是資本家、技術人員、知識分子和朗諾時期的公職人員都逃脫不了，華人、京族、佬族、占族等少數民族也不例外，血腥屠殺加上飢荒、強制勞役及政治迫害等原因，最終導致兩百多萬人的死亡，接近當時全國總人口的30%。紅色高棉雖然名義上是建立純粹烏托邦式的革命理想國，卻將信奉佛教的柬埔寨化為一座人間煉獄。

幾年前我曾經在波蘭參觀過由納粹德國在二戰期間建造的奧斯威辛集中營，令人不寒而慄的環境，曾經發生在當地的恐怖歷史，我依然記憶猶新。那麼，柬埔寨又是怎樣的情況呢？我懷著沉重的心情，探訪當年關押所謂政治犯的拘留所——柬埔寨S21監獄博物館（Tuol Sleng Genocide Museum，又譯為吐斯廉屠殺博物館）。

博物館位於金邊的南區，早先是一所學校。我跟隨導遊入內參觀，中央的院子是翠綠的草坪，周圍種植鬱鬱蔥蔥的樹木，乍看之下顯得寧靜祥和，然而幾棟破敗的教學樓卻曾經全數被波爾布特用作關押犯人的集中營，全稱為「第21號保安監獄」。

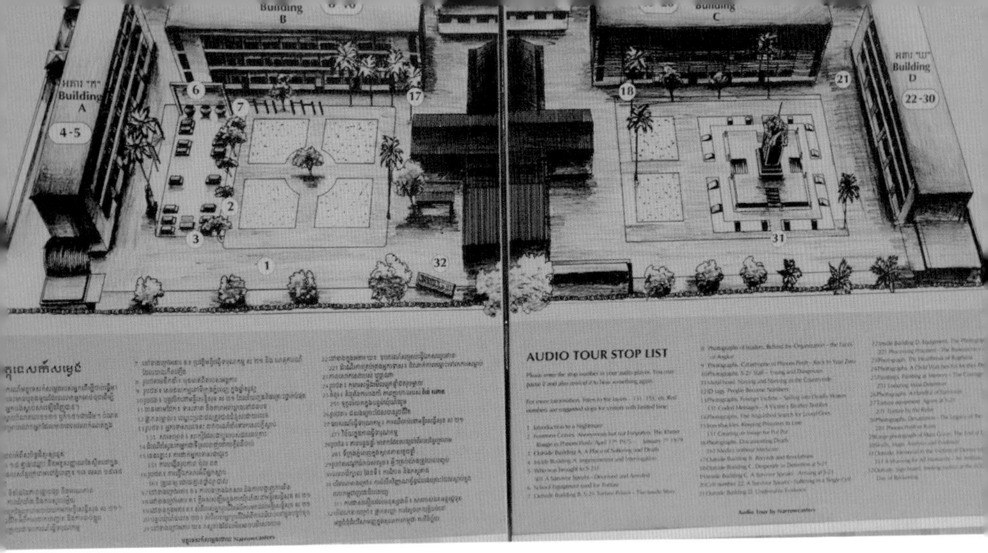

↑S21監獄博物館平面圖
↓樓房圍滿帶刺的鐵絲網，用意居然是避免囚犯跳樓自殺

根據資料記載，一九七五年到一九七九年間，集中營關押了一萬七千多名知識分子和平民，包括婦孺，到一九七九年越南軍隊攻入金邊時，倖存者僅有七名，其餘還有十四具被折磨得不似人形的屍體。

我順着次序，逐一走進一間間的「教室」。當年這幾棟教學樓既是審訊室也是監牢，樓房圍滿了帶刺的鐵絲網，用意居然是避免囚犯跳樓自殺。監牢分為單人囚室和大監倉，我們可以親眼看見集中營內還原了當時的環境，空蕩的囚室透露陰森恐怖的氣氛，牢房一隅放了彈藥鐵盒，讓犯人大小便使用；幾張鐵床是用來審訊的地方，所展示的各種刑具，通過展板的介紹，搭配導遊繪影繪聲的說明，這些殘暴恐怖的酷刑虐待，讓人看了毛骨悚然，難以承受。相較納粹的集中營，有過之而無不及。

囚犯一旦被關進這所監獄，都要掛上胸牌拍照存檔，加上審訊時的記錄，這些來不及被赤柬銷毀的資料，如今都作為證據保留下來。有個教室就展示了這些罹難者的照片。當年集中營有個倖存者是位畫家，博物館內許多寫實的油畫，描繪各種刑求的場景，都出自這位畫家之手，讓後人更為了解曾經發生過怎樣慘無人道的悲劇。

這又讓我回憶起英國電影《殺戮世界》（The Killing Fields，臺灣譯為殺戮戰場）的劇情，電影用平述的手法，向全世界控訴赤柬的罪行。最讓人感到怵目驚心而難以忘懷的一幕，便是主

↑監獄博物館內的囚室和審訊處

角逃亡期間，跌入河流，定睛一看，竟是由綿延萬里的人骨殘骸堆積出來的。

作為二十世紀最大的人為災難之一，紅色高棉犯下的滔天罪行，真是罄竹難書。這場大屠殺已經結束數十年，然而即使到了今天，仍然對柬埔寨人民，乃至整個國家帶來無法彌補的傷痛。而造成如此災難的主要元兇——紅色高棉領導人波爾布特在臨終前依舊冥頑不靈，認為自己「只是要鬥爭，不是要殺人，我的良心是清白的」。連赤柬的第四號領導人物喬森潘（Khien Samphan）在被捕前還出版了自傳，極力為波爾布特等人辯解，

監獄博物館內的囚室和審訊處

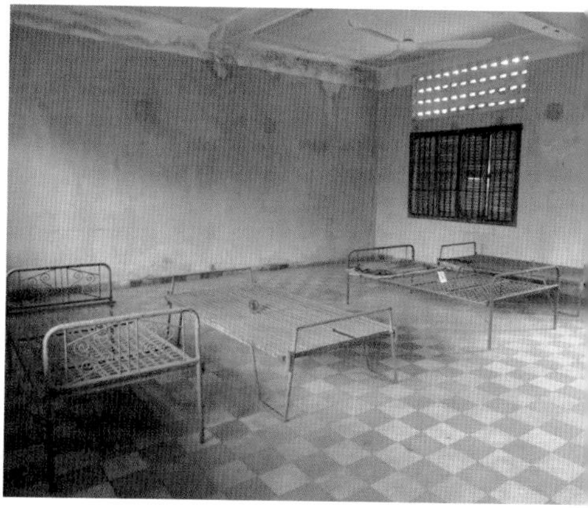

聲稱他們是在尋求社會正義。可恨這些罪魁禍首直到最後仍不曾加以反省或道歉，甚至什麼都沒有表示。即便國際社會與柬埔寨聯合對紅色高棉進行最終審判，還人民一個公道，卻也未能撫平高棉人民的傷痛。

二〇〇三年一部紀錄片《S21——紅色高棉殺人機器》呈現在世人面前，該片導演耗費三年時間，致力邀請在世的相關人員重訪舊地，這些人不僅是被關押的倖存者，甚至包括獄中的施刑者。一百分鐘的片長中，兩位生還者和幾位施刑者神色平靜地講述當年，生還者回憶遭受的折磨，獄卒則重現昔日是如何對待集中營關押的人，全片並沒有血腥鏡頭，卻讓人感到深深的壓抑。紀錄片未對歷史加以批判，只是用圖片和影像的方式記錄下曾經發生過的事件，讓這段過往不會因為紅色高棉的消亡而遭到淡忘、湮滅。

陽光、沙灘和螃蟹

告別了令人作嘔的殺人煉獄後，我放棄前往市區外的鍾屋殺人場（Killing Fields of Choenng Ek）繼續再看紅色高棉的殘忍手段，帶著鬱悶的心情繞過幾個路口，來到柬埔寨國家博物館（National Museum of Cambodia）。博物館由四個院落組成，藏品非常豐富珍貴，其中不少從吳哥出土的珍品都被轉移到此處維護和展示，還有千年來高棉最精美的石雕像、陶、銅器等文物，包括一尊公元六世紀的八臂毗濕奴神像，據說是鎮館之寶。

↑公元六世紀的八臂毗濕奴神像，據說是鎮館之寶

↑柬埔寨國家博物館藏品豐富，不少吳哥出土的珍品都轉移到此處維護和展示

柬埔寨國家博物館內的金翅鳥等珍貴雕塑

可惜的是館內缺乏空調，如蒸籠一般，我和同事們待了不消十分鐘，已經大汗淋漓，根本無法細心欣賞，決定驅車前往柬埔寨著名的休閑度假勝地——白馬市。

白馬市是柬埔寨的直轄市之一，毗鄰越南邊境，面臨泰國灣，是著名的海濱旅遊避暑勝地之一。它離金邊不過一百多公里，卻因為沿途的公路坑坑窪窪，還有頻繁的修路工程，我們在車上困了三個多小時，才終於到達。

事實上，白馬市面積只有一百二十多平方公里，人口也不過萬人，與其說是一座城市，反而更像個鄉村小鎮。就在進入白馬市的路口，一座高大威武的白馬塑像豎立眼前，導遊告訴我這就是白馬市的象徵。

其實在高棉語中，白馬市的名稱是「格隆蓋普（Krong Kep）」，「格隆」代表「城市」，「蓋普」則是「馬鞍」的意思，至於白馬是中國人給予的稱謂。

在法屬殖民時期，白馬市是法國人休閒度假、享受陽光與海灘的地方，也曾經是金邊達官顯貴們建蓋高級住宅的區域。如今海濱一帶，仍排列許多建於二十世紀的別墅，然而缺乏維修之下，外觀破敗，或是被胡亂畫上塗鴉，早已失卻昔日的華貴氣派。據說近年來政府已決心改善市容，並翻修部分的別墅，計畫發展為度假村的模式，以吸引更多外國旅客到此旅遊度假。

白馬市螃蟹市場內的攤販

↓白馬市螃蟹市場內的攤販

其實我覺得白馬市最有代表性的並非白馬塑像，而是這裡盛產的藍腳螃蟹。沿著海濱路一帶，是喧嘩熱鬧的螃蟹市場。市場除了螃蟹之外，還有其他海產海鮮。因為此處臨近海邊，螃蟹多到可以直接在淺灘撿拾。為了招攬旅客光顧，攤檔店主就地取材，當場為旅客料理海鮮，既新鮮又價廉物美。近海處架設了一座藍腳螃蟹的巨大塑像，上面寫了「Welcome to Kep」，我個人認為這才應該算是該市的標誌。

↑白馬市的代表性建物：白馬塑像

↑位於泰國灣的藍腳螃蟹

白馬市面對波光粼粼的泰國灣，擁有美麗天然的白色沙灘，然而沙灘的顆粒較粗，且摻雜具有尖銳角度的砂石，對弄潮的人構成一定的威脅，並非理想的沙質，所以泳客的人數還不如在岸邊捕撈螃蟹的當地居民。

沿著海堤種植了不少綠樹，適合遮蔭納涼。海邊立有一座裸女雕像，遙望著大海，彷彿深情地期待親人的歸來。除此以外，似乎就再沒有什麼特別之處了，按目前的環境，與歐、亞旅客的期望仍有很大距離，要想打造成理想中的旅遊天堂，政府還得更為費心、下功夫不可。

這一天剛好是柬埔寨一年一度的重要送神日，在當地是佛教的大日子，慶典的

↑位於泰國灣的白色沙灘

特色是由佛教高僧帶領著車隊，在軍警的護送下，沿著市區的道路進行祈福儀式。我見到一位僧侶站在帶頭的車上，不停向路上的善信招手，同時誦經祈福。導遊說，他是位德高望重的高僧，今天在此遇上，不僅是佛緣，也十分有福。那些站在路邊的善信，都是專程前來的。

最後，我抽出點空檔，漫步海濱大道，欣賞碧海蒼穹。我的柬埔寨之旅，也就在沁涼海風的徐徐吹拂下，劃上了句點。

我在這個人民臉上總是掛著美好笑容的國家看到了完全兩極的歷史痕跡，無論是吳哥千年的微笑、輝煌燦爛的文明，抑或惡名昭著的紅色高棉、S21保安監獄的

暗夜飲泣，都在我心裡烙下深刻的印象。時代持續前進，每個人都得往前看。現在的柬埔寨正值百廢待興的時刻，人們無須忘卻傷痕累累的苦痛過往，銘記與懺悔，反思與總結，才是生存的積極意義。我衷心祝願，柬埔寨能夠擺脫過去的陰影，勇敢前行，重拾曾有過的璀璨榮光。

↑位於泰國灣的裸女雕像

柬埔寨一年一度的送神日，由佛教高僧帶領車隊是慶典特色

後記

繼前一本《晨曦下的萬千佛塔：老玩童遊緬甸》之後，這是我第二本關於中南半島的遊記。此次非常榮幸能邀得幾位好友願意在百忙之中為本書寫推薦序，我銘感五內：

- 寶成國際集團副總經理羊曉東
- 香港雄業國際實業有限公司董事長溫小燕
- 亞太臺商聯合總會總會長潘漢唐
- 亨達集團首席執行官劉凱傑
- 瑞德傳媒有限公司董事總經理陸茵

去年（二〇一九年）二月，我初訪柬埔寨，立即被當地豐富精采的人文歷史景觀所深深吸引，旅程結束時感到意猶未盡，立刻商請相熟的旅行社協助安排再度前往的行程。未料到為了慶祝中華人民共和國成立七十周年在全球多個國家與城市舉辦的「錦繡河山」攝影展竟與再訪

柬埔寨的計畫撞期，導致遲遲無法抽出空檔，踏上新的旅程。

今年初，原以為終於能夠再度前往這個文明古國，孰料一場突如其來的疫情在全球肆虐，使得計畫落空，直至今日，竟都未能再度成行。

也因此，在完稿的此時，我在柬國的旅程，留下了三個遺珠之憾，還未能親臨訪勝：其一便是在柬埔寨北部與泰國接壤之處，有個柏威夏寺（Preah Vihear Temple），位於海拔五二五米的山上，視野遼闊，然而柬、泰兩國對這座古廟群的歸屬一直有所爭議，甚至爆發多次導致傷亡的武裝衝突。後經國際法庭裁定，柏威夏寺主權屬於柬埔寨，但神廟的主要通道卻劃歸泰國，這又使得矛盾衝突升溫。及後兩國達成協議，終於使民眾皆可順利到此參拜。然而在二〇〇八年，柬埔寨成功將柏威夏寺申請為世界文化遺產，又再引發另一波的爭端。直至今日，柏威夏寺雖不能完全免除於安全方面的疑慮，但特殊的位置與歷史背景，卻依舊吸引著我，希望有朝一日能夠前往一遊。

另外兩個遺珠之憾，皆位在柬埔寨的西南方。西哈努克港（Sihanoukville，臺灣譯為施亞努市），簡稱西港，是該國最大的海港，也是著名的旅遊城市，以優美的海景與沙灘著稱。在法國殖民時期，曾經是法國人專屬的渡假勝地。

另一處則是高龍島（Koh Rong island），位在西港的外海二十五公里處，是柬埔寨第二大島，擁有亞洲夏威夷的美譽，旅客來此可以享受純淨天然的海島風光、悠閒放鬆的度假氛圍。由於島嶼的大部分區域開發程度較低，尚未染上濃厚的商業氣息，是現代社會中難能可貴的純樸原始。

儘管拜訪柬埔寨的旅程仍帶有一些遺憾，尚未補全，但也給了我下次定要再來的理由。柬埔寨目前仍屬亞洲最貧窮的國家之一，基礎建設落後，百廢待興。中國一直以來給予相當多的發展協助，而今做為「一帶一路」建設合作對象，自然有更多共同開發的項目和機會。期許柬國持續發展茁壯，脫離貧困，人民生活水平提升。相信自己下次前往時，能夠見到令人刮目相看的新面貌，屆時也將再和大家分享見聞。

同時，也衷心期盼，這場襲捲世界的災難早日平息，雖然造成的痛苦不是短時間可以復原的，甚至可能永遠都恢復不了。

願逝者安息，願生者堅強。

國家圖書館出版品預行編目資料

老玩童遊柬埔寨：吳哥的破曉／鄧予立著. --初版.--臺中市：白象文化，2021.2
面； 公分.——（鄧予立博文集；13）
ISBN 978-986-5559-56-4（精裝）
1.遊記 2.柬埔寨
738.49 109020074

鄧予立博文集（13）

老玩童遊柬埔寨：吳哥的破曉

作　　者　鄧予立
校　　對　鄧予立
專案主編　黃麗穎
經 紀 人　徐錦淳
出版編印　吳適意、林榮威、林孟侃、陳逸儒、黃麗穎
設計創意　張禮南、何佳諠
經銷推廣　李莉吟、莊博亞、劉育姍、王堉瑞
經紀企劃　張輝潭、洪怡欣、徐錦淳、黃姿虹
營運管理　林金郎、曾千熏
發 行 人　張輝潭
出版發行　白象文化事業有限公司
412台中市大里區科技路1號8樓之2（台中軟體園區）
出版專線：（04）2496-5995　傳真：（04）2496-9901
401台中市東區和平街228巷44號（經銷部）
購書專線：（04）2220-8589　傳真：（04）2220-8505
印　　刷　基盛印刷工場
初版一刷　2021年2月
定　　價　300元